KB076373

언택트
인 권
상영관

청소년을 위한 영화 속
인권 이야기

언택트
인 권
상영관

최하진 박인숙 지음

예미

영화는
사람들의 작은 목소리를
세상에 들려준다.

[감수자의 글]

모든 사람은 존재 자체로서
인정받아야 한다

김진혜 대전지방법원 서산지원 부장판사

    2015년 무렵 〈로제타〉를 보면서 너무 놀랐습니다. 로제타는 자신을 보호해 줄 부모도 없고, 제대로 배우지 못한 상황에서 사회에 뿌리를 내리려고 부단히 노력합니다. 그 노력은 구직활동과 노동으로 표현되는데, 로제타에게는 어느 하나 쉽지 않아서 로제타가 노력할수록 그 상황은 나빠질 뿐입니다.

    그런데 지금까지의 몇몇 사건들을 돌이켜 보면 로제타가 우리나라에도 많다는 생각이 듭니다. 사회에 뿌리를 내리고 자신의 목소리를 내고 싶지만, 이런 꿈을 이루기 너무 힘든 경우가 있습니다. 대부분의 청소년들이 부모와 학교, 사회의 보호 아래 자연스럽게 사회에 뿌리를 내리지만, 부모의 역할을 제대로 하는 부모가 없는 경우, 학교에 적응하기 힘든 경우, 또는 잘못된 판단으로 실수를 하는 경우가 있기 때문입니다.

    이런 경우를 접하면 누구의 잘잘못을 떠나 이 청소년들이 다시 사회에 복귀하는 방법이 무엇일지 고민하게 됩니다. 청소년들은 우리 사회의 현재를 비춰 주는 거울이자 미래이기 때문에, 이들이 사회에 뿌리내리는 것 자체가 우리 사회의 미래를 결정하기 때문입니다.

그리고 계속 생각하다 보면, 청소년이 단순히 보호나 교육의 대상이 아니라 태어나는 순간부터 권리의 주체이고 사회 속에서 자신의 삶을 펼칠 권리와 의무가 있는데, 이런 권리와 의무가 조화를 이루는지 고민하게 됩니다. 사람들과 섞여 살면서 권리를 누리고 의무를 이행하는 것이 바로 사회에 뿌리를 내리는 모습이기 때문입니다.

현재 우리 사회는 아동복지와 소년범죄의 엄벌 사이에서 청소년들의 권리와 의무가 요동치고 있습니다. 구체적인 정책 수립이나 법 제정도 중요하지만, 권리와 의무의 주체인 청소년들도 성인들과 마찬가지로 그 존재 자체로서 존중받아야 하는 존재이며 사회구성원으로서 자신의 목소리를 낼 수 있는 존재라는 사실이 먼저 인정되면 좋겠습니다.

우리 사회에서 무시당해도 되는 존재는 없습니다. 나이가 미성숙으로, 잘못이 낙인으로 연결되지 않기를 희망합니다.

영화는 힘이 세다

최하진

영화를 매개로 성인들을 대상으로 한 인문학 강의를 하다가 오래도록 마음에 품어 두었던 일을 시작하게 되었습니다. 의왕시에 있는 서울소년원(고봉중고등학교)에서 원생들을 대상으로 하여 〈영화와 글쓰기〉를 진행하게 된 것입니다. 그때의 경험을 바탕으로 법무부 산하 교정 프로그램인 〈희망의 인문학〉을 진행하고, 일반 청소년들을 대상으로 하여 〈길 위의 인문학〉을 진행했습니다. 아이들에게 영화로 다양한 세상을 만나게 해주고 싶은 마음이 조금씩 길을 찾아갔고, 가다 보니 길이 되었습니다.

특히나 영화는 아이들의 닫힌 마음을 빨리 열게 해주는 힘이 있었습니다. 영화의 세계에 접속하고 싶어 하는 아이들도 많았고, 영화를 재료로 하여 다양한 요리를 만들 수도 있다는 것을 알게 되었습니다. 또한 앞으로 우리의 먹거리도 이 영화산업에 있다는 믿음이 생겨 영화를 가지고 아이들과 놀고 싶은 생각이 더욱 커졌습니다. 그리고 어렵고 딱딱하게 보이는 우리 주변의 사소한 일들을 법이라는 이름으로 만나게 해야겠다는 생각을 하던 차에 청소년 인권 변호사로 활동하는 박인숙 변호사와 손을 잡게 되었습니다.

영화가 힘이 센 이유는 누구나 쉽게 마음만 있으면 만날 수 있고, 세상을 바꿀 수도 있기 때문입니다. 영화 한 편이 법안을 상정시키기도 하고, 관습을 깨며, 세상에 작은 목소리를 크게 전달할 수도 있습니다. 모쪼록 이 책을 통해 아이들이 영화만큼 법도 재미있게, 진지하게 만날 수 있게 되기를 바라 봅니다. 그리고 이 작은 시작이 아이들이 세계를 이끌어 갈 영화 인재가 되는 첫걸음이 되었으면 하는 바람도 가져 봅니다.

아동을 권리주체로 인정하는 것이 아동인권의 시작

박인숙

사법연수생 시절 우연한 기회에 보호소년과의 인연이 시작되었습니다. 경기도 의왕시에 위치한 서울소년원을 매주 방문하여 검정고시를 가르치다가 2015년부터 최근까지 매주 '회복적 대화모임'을 진행하고 있습니다. 회복적 대화모임은 소년원에서 갈등을 겪고 있는 소년들과 함께 무슨 일이 있었는지, 어떤 피해가 발생하였는지, 발생한 피해를 어떻게 회복할지를 주제로 대화를 나누는 모임입니다.

그리고 2019년에 있었던 UN 아동권리위원회(CRC: Committee on the Rights of the Child)를 위한 소년사법 보고서를 2018년 후반기에 작성하고, 2019년 2월의 사전심의(Pre-session)와 2019년 9월의 본심의(Main session)에 참여하여 대한민국의 보호소년의 현실을 알리고 대한민국의 심의를 지켜보았습니다.

학교폭력에도 관심을 두고 경기도 고양교육지원청의 갈등

조정자문단의 일원으로 학교폭력의 초기단계에서 갈등이 잘 해결될 수 있도록 돕는 역할을 하다가, 학교폭력예방 및 대책에 관한 법률이 2019년 8월 20일 일부 개정되고 2020년 3월 1일 시행되면서 현재는 경기도 고양교육지원청의 학교폭력심의위원회 위원으로서 매주 두세 건의 사안을 심의하고 있습니다. 그리고 법무부 소년보호혁신위원으로서 보호소년 등의 인권을 향상시키기 위한 제도, 법 개선을 위해 활동하고 있으며 서울시교육청 성희롱·성폭력 외부자문위원으로서 자문을 하고 있습니다. 또한 청년, 청소년, 외국인, 성폭력 피해자를 위한 변호를 하고 있습니다.

모든 성인이 아동을 보호와 교육의 대상만이 아니라 권리의 주체로서 인정하고 아동 또한 자신이 권리의 주체임을 인식하기를 간절히 희망합니다. 권리에는 생명권과 같이 자연적 기본권도 있으나 법에 의해서 부여되는 권리도 있습니다. 민주주의, 법치주의 국가인 대한민국에서 법을 쉽고 가깝게 느끼는 것이 자신의 권리를 지키는 데 무엇보다 중요합니다.

이 책을 통해서 아동들이 법을 조금이나마 편안하게 여기고 자신의 권리를 생각해 보는 기회를 가질 수 있게 되기를 바랍니다.

CONTENTS

감수자의 글 _
모든 사람은 존재 자체로서 인정받아야 한다   6

시작하며 _
영화는 힘이 세다   8
아동을 권리주체로 인정하는 것이 아동인권의 시작   10

PART 1   법은 삶을 바꾼다

아이는 무엇으로 사는가: 〈칠드런 액트〉   17
· 영화 속 법 이야기 아동의 이익을 최우선으로   28

로제타 플랜: 〈로제타〉   37
· 영화 속 법 이야기 청소년 노동과 복지에 대하여   49

낙인과 용서: 〈자전거 탄 소년〉   55
· 영화 속 법 이야기 소년법을 폐지해야 한다고요?   67

PART 2   나의 권리를 지켜줘

이 세상에 존재할 권리: 〈가버나움〉   85
· 영화 속 법 이야기 출생신고는 어떤 의미를 갖나요?   97

동행하실래요?: 〈아름다운 비행〉   109
· 영화 속 법 이야기 환경보호와 동물권, 이렇게 생각해요   122

내 삶의 주인은 나: 〈청원〉   131
· 영화 속 법 이야기 행복추구권과 생명권이 부딪친다면?   143

PART 3 나의 행복을 지켜줘

너만의 문제가 아니야: 〈우리들〉 155
· 영화 속 법 이야기 왕따 문제를 어떻게 봐야 할까요? 166

꽃으로도 아이를 때리지 마라: 〈4등〉 179
· 영화 속 법 이야기 체벌은 위법이라는 것을 알고 있나요? 190

떠남을 강요당한 아이들: 〈여행자〉 201
· 영화 속 법 이야기 아동은 보호가 필요한 권리의 주체 212

에필로그 _
  "박변은 청소년 변호사가 되세요" 221
  "4주가 어느새 7년이 되었습니다" 224

법은 삶을 바꾼다

HUMAN RIGHTS

아동복지법

아이는
무엇으로 사는가

칠드런 액트
The Children Act, 2018

우리의 삶은
죽음이라는 저 바다로 흘러드는 강과 같다.
−호르헤 만리케

"인간의 마음 안에는 사랑이 있고, 인간은 자신의 내일을 알 수 없으며, 인간은 사랑으로 산다."

톨스토이는 그의 저서 《사람은 무엇으로 사는가》에서 이렇게 말했습니다.

인간이 내일을 알 수 없듯 만남 또한 예측할 수 없는데요. 우리는 매일 숱한 선택과 결정을 하고 어떤 사람들을 만나지만, 내 삶에 어느 정도 영향을 미치는지를 따져 가며 만나기는 어렵습니다. 최승자 시인의 〈여자들과 사내들〉이라는 시에는 이런 구절이 있습니다.

"사랑은 언제나/벼락처럼 왔다가/정전처럼 끊겨지고/갑작스런 배고픔으로/찾아오는 이별."

정말 가슴을 울리는 구절이지 않나요? 벼락처럼 왔다가 정전처럼 끊기는 어떤 찰나의 만남, 지나고 나서야 비로소 깨닫게 되는 만남 같은 것들이 있는데요. 이 영화는 법정이라는 무대를 빌려서 누군가를 만나고 헤어지는 것의 의미에 관해 이야기하고 있습니다.

또한 종교를 이유로 치료를 거부하는 미성년자의 생명권에 관하여 법은 어떤 판결을 내리는지에 대한 영국의 아동법을 다루고 있기도 합니다. 영국 출신 작가인 이언 매큐언의 소설을 원작으로 했는데요. 보는 각도에 따라서 다양한 관점으로 바라볼 수 있는 영화입니다.

법과 사람 사이

존경받는 가정법원 판사인 피오나(엠마 톰슨)는 완벽한 재판을 추구하기에 집에 돌아와도 재판에만 몰두합니다. 그녀는 사회적으로 성공했고 인문학 교수인 남편 잭(스탠리 투치)과도 큰 갈등 없이 살아왔습니다. 하지만 잭은 그녀의 무심함을 탓하며 다른 여자와 외도를 하겠다고 폭탄선언을 하지요. 그렇게 모든 것이 완벽했던 피오나의 삶에도 위기가 찾아옵니다.

피오나는 집에서나 법정에서나 그저 자신의 일을 열심히 한 것뿐인데, 이런 남편의 태도에 분노를 느끼기도 하죠. 그런 와중에 소년 애덤(핀 화이트헤드)의 재판을 맡게 되는데요. 백혈병에 걸린 아이는 3일 안에 수혈을 하지 않으면 생명이 위태로운데도 종교적인 이유로 치료를 거부하고 있습니다.

영국에서는 만 18세가 되지 않은 미성년자의 경우 아동법에 의해서 치료 결정이 내려집니다. 영화 〈칠드런 액트〉는 1989년에 제정된 영국의 아동법과 관련이 있습니다. 법정이 미성년자(아동)와 관련한 사건을 판결할 때 최우선적으로 '아동의 복리'를 고려해야 함을 명시하고 있는데요. 이 작품 속에서 종교적인 이유로 수혈을 거부한 애덤은 만 18세가 되려면 3개월이 부족하기 때문에 법원의 판결에 따라 부모님이나 본인의 의사와 상관없이 치료를 받아야 합니다.

현실에서는 판사가 직접 현장으로 찾아가는 일이 흔치 않다고 하는데요. 판사 피오나가 애덤의 병실을 찾았을 때, 소년은 너무나 감격하고 놀라워합니다. 이런 일이 자기에게 일어나는 것을 믿을 수 없다는 듯이 말이지요.

순교자처럼 환상적으로 죽음을 선택하고 맞이하려던 애덤은 피오나로부터 뜻밖의 얘기를 듣게 되죠. 그것은 죽음에 관한 현실입니다. 만일 치료를 거부하다가 정상적이지 않은 상태에서 계속 살게 된다면, 그것이 주변에 미칠 영향과 삶의 모습에 대해서 말입니다. 그때 애덤은 살짝 흔들립니다. 자신이 상상했던 죽음과 달리 식물인간이 되거나 몸의 어딘가 무너져서 망가진 몸으로 평생 살아가게 될 수도 있다는 것은 전혀 생각해 보지 않았거든요.

그러다가 애덤은 피오나 앞에서 기타를 듭니다. 기타를 배운 지 4주가 되었다며 한 곡을 연주하는데요. 아일랜드 민요로, 윌리엄 버틀러 예이츠의 유명한 시를 노랫말로 붙인 〈버드나무 정원 아래서〉입니다. 피오나가 반주에 맞춰 나지막이 노래를 부르자, 소년의 눈빛이 쨍 하고 빛납니다. 애덤에게 그 순간은 낯선, 너무나 강렬한 충격으로 다가왔을 것입니다. 그리고 어쩌면 소년의 삶은 이제까지와는 완전히 다르게 펼쳐질 것이라는 느낌이 듭니다.

그녀는 나에게 말을 했지요.

사랑한다는 것은

나무에서 잎이 자라나는 것처럼

쉬운 일이에요.

하지만 나는 어렸고 어리석었기 때문에

그녀의 말을 알지 못했습니다.

예이츠의 시를 노래로 부르는 피오나의 모습과 감격적으로 기타 반주를 하는 애덤의 모습은 나비가 고치를 벗고 나오듯 한 소년이 어른으로 가는 길목처럼 보였습니다. 경이롭고 눈부신 듯 바라보는 순간, 피오나는 이제 그만 가야겠다고 일어섭니다. 피오나는 판사로서의 소임을 다하려 애덤을 찾았지만, 애덤은 그만 판사가 아닌 한 인간 피오나를 보고 말았습니다.

차갑고 무덤덤한, 어찌 보면 건조한 법전과도 같은 삶을 살고 있던 피오나이지만 왠지 애덤 앞에서 노래를 부르고 맙니다. 그런 만남을 우연을 가장한 인연이라고 해야 할지, 아니면 운명이라고 해야 할지, 그날, 마치 손님처럼 애덤의 마음속으로 피오나가 들어왔습니다.

청소년을 위한 영화 속 인권 이야기

저한테 왜 그랬어요: 애덤의 이야기

애덤은 종교적 신념을 버리고 수혈을 받아 살아난 후, 이제 새로운 삶을 꿈꿉니다. 그의 몸과 마음은 온통 피오나로 향하고 있습니다. 피오나는 그에게 시와 음악을 가져다주었습니다. 애덤은 종교를 덜어 낸 자리에 피오나를 들여놓고, 시를 쓰고 공연을 하고 연극까지 합니다. 그리고 피오나를 찾아가는데요. 어쩌면 그녀에게 자신의 달라진 삶을 보여 주고 싶었을 것입니다. 나아가 그 새롭고 신선한 삶을 공유하고 싶었을 테지요.

하지만 애덤이 찾아가자 피오나는 판사의 모습으로 그를 맞이합니다. 그날 병실에서의 만남으로 애덤은 완전히 변했지만, 피오나는 아무것도 변하지 않은 것이지요. 어쩌면 피오나가 애덤에게 보여 준 호의는 판결에 앞선 보다 적극적인 참견의 수준일 수도 있고, 자신과 남편에게 닥친 복잡한 감정 때문에 스스로의 판단과 결정을 숙고하려는 자신에 대한 의심에서 비롯된 행동이었을 수도 있습니다. 그리고 피오나가 애덤의 반주에 맞춰서 노래를 부른 것은 선의라고 생각할 수도 있지만, 결과적으로는 애덤에게 치명적인 호의가 되어 버립니다.

피오나와 애덤은 영화 속에서 단 네 번 만나게 되는데요.

가장 주목할 것은 첫 번째와 네 번째의 만남이죠. 첫 번째는 병원으로 피오나가 찾아간 것이고, 네 번째 만남도 병원에서 이루어집니다. 첫 만남에서 피오나의 선의는 소년을 감동시키고, 죽음에서 아이를 구해 냅니다.

그러나 애덤이 출장에까지 쫓아와 함께 살고 싶다고 호소할 때 피오나는 마음의 문을 단단히 닫습니다. 애덤은 그저 피오나 곁에 있고 싶었을 테지만 피오나는 법정에서 법을 마주하듯 냉정하게 애덤을 밀어냅니다. 낙담한 소년은 자신이 발견한 새로운 삶을 피오나와 함께할 수 없다는 것을 곧 깨닫게 되죠.

피오나는 자신이 피아노 연주를 맡게 된 공연을 앞두고 한 장의 메시지를 받습니다. 그리고 공연을 채 마치기도 전에 무대를 박차고 나가서 병원으로 달려갑니다. 거기에 애덤이 누워 있었습니다.

피오나에게 닿을 수 없다는 것을 알고 난 후 애덤은 그만 삶의 의욕을 상실하고 말았습니다. 백혈병 환자였던 그는 계속 수혈을 해야만 하고 언젠가는 죽음이 다가올 것이란 걸 알았겠지요. 그래서 자신에게 주어진 삶을 피오나와 함께하고 싶었을 테고요. 하지만 그것은 이루어질 수 없는 미완의 삶이라는 것을 알게 되자, 그는 만 18세가 넘은 어느 날 스스로 삶을 결정합니다. 피오나에게는 "저한테 왜 그랬어요…"라는 말을 남긴 채 말이지요.

처음 애덤을 살린 것은 아동법이라는 법의 판결이었지만, 애덤의 눈을 감게 한 것도 성년이 되면 스스로의 삶을 선택할 수 있다는 법이었습니다. 삶의 좌절을 경험한 청년이 더 이상 살아야 할 이유를 알지 못했던 것입니다.

실은 법으로 포장돼 있지만 결정적인 계기는 뜻하지 않게도 피오나였지요. 그렇다면 애초에 피오나가 애덤을 찾아가서 대화를 나누고 설득하려고 했던 그 결정은 잘못된 것이었을까요?

선택과 결정: 피오나 이야기

피오나는 늘 어떤 선택을 하고 결정을 내려야 하는 사람입니다. 처음 샴쌍둥이의 판결을 할 때도 그녀는 한 아이를 살리기 위하여 한 아이를 포기하라고 명령합니다. 그녀의 판결에 따라 누군가는 살아남고 누군가는 생명을 포기해야 하는 것이지요. 그 모든 결정의 결과까지 책임질 수는 없지만, 판사로서 자신의 선택이 옳다고 믿고 있습니다.

이 작품은 《체실 비치에서》, 《속죄》로 유명한 영국의 작가 이언 매큐언의 소설을 원작으로 하고 있습니다. 맨부커상을 수

상한 작품인데요. 종교적 이유로 수혈을 거부하는 부모와 아이의 사건을 통해 바라보는 아동법이 표피의 주제라면, 그 안에 담긴 내밀한 고민은 한 사람이 내린 결정이 타인의 삶에 어떤 영향을 미치는가 하는 것입니다.

영국에서는 병원에서 자신의 치료를 거부하는 것을 개인의 기본권으로 받아들이고 있습니다. 그래서 본인 의사에 반해서 의사가 강제로 환자를 치료하는 행위는 형법상 상해죄에 해당합니다. 마침 영화 속의 소년은 자기결정권이 생기는 18세 생일까지 꼭 3개월을 남겨 두고 있었고, 3일 내로 수혈을 받지 않으면 목숨이 위험한 상황이지요. 피오나는 판결에 앞서 소년이 죽음을 각오하면서까지 지키고자 하는 믿음이 무엇인지, 그리고 무엇이 그를 위한 길인지 파악하기 위해 직접 병원을 찾아간 것입니다.

작가는 영국 언론 《가디언》과의 인터뷰에서 "판사는 최선이 아니라 차악을 선택해야 하는 경우가 많다"며 이렇게 말했습니다.

"부모가 의견일치를 보지 못할 때 법정은 마지못해 '사법부의 합리적 부모' 역할을 맡아야 한다. 가사부의 판결문에는 무수한 개인의 드라마와 복잡한 도덕의 문제가 담겨 있다. 그것은 소설의 영역이다. 비록 운 좋은 소설가와 달리 판사는 실제 인간 세계에 묶여 있고 반드시 판결을 내려야 하는 처지이지만."

그 선택의 결과에 대해서 피오나가 책임을 져야 할 일은 아무것도 없습니다. 그러나 피오나에게 그 일이 아무렇지 않을 수는 없겠지요. 애덤이 치료를 받은 것도 피오나 때문이고, 또한 치료를 거부한 것도 어쩌면 피오나의 삶에 다가갈 수 없다는 좌절감 때문이었으니까요.

애덤은 법적으로 자신의 치료를 결정할 수 있게 된 때에, 스스로의 판단과 선택으로 세상과 작별합니다. 그렇게 마치 벼락처럼 피오나에게로 다가왔던 소년 애덤은 어느 날 정전처럼 뚝 끊겨 버렸습니다.

인생은 매 순간 선택의 연속이고, 그것이 늘 옳았는지 당시에는 알 수가 없습니다. 다만 지나고 나서 '아, 그때 그 선택이 최선이었을까' 하고 되새겨 보는 것이지요. 그리고 살다 보면 세월이 덧없는 바람처럼 지나가 버린 후에야 깨닫게 되는 인연도 있겠지요.

아동의 이익을
최우선으로

아동복지법은 아동이 건강하게 출생하여 행복하고 안전하게 자랄 수 있도록 아동의 복지를 보장하는 것을 목적으로 합니다. 그리고 아동에 관한 모든 활동에 있어서 아동의 이익이 최우선적으로 고려되어야 한다는 기본이념을 가지고 있습니다. 아동복지법상의 아동은 18세 미만의 사람을 말합니다.

대한민국 법상의 나이는 만 나이입니다. 대한민국의 법은 법의 목적마다 청소년 등의 나이를 다르게 정의하고 있습니다. 청소년기본법에서의 청소년은 '9세 이상 24세 이하', 청소년보호법에서의 청소년은 '19세 미만인 사람으로 19세가 되는 해의 1월 1일을 맞이한 사람은 제외', 소년법의 소년은 '10세 이상 19세 미만'으로, 각 법은 청소년과 소년을 다르게 정의하고 있지요.

아동복지법은 국가와 지방자치단체에서 다음과 같은 일을 하도록 정하고 있습니다. '아동의 안전, 건강 및 복지를 증진하기 위하여 정책을 수립, 시행하도록' 하고 있으며 지방자치단체의 장에게 '보호대상아동¹'에 대한 상담, 지도, 가정위탁, 아동복지시설 입소, 전문치료기관 입소, 입양과 관련한 필요한 조치 등과 같은 보호조치 등의 아동보호서비스를 제공하도록' 하고 있습니다. 또한 국가와 지방자치단체에게 '아동학대의 예방과 방지를 위한 각종 정책 수립 등의 조치를 취하도록' 하고 있지요.

아동의 의견을 직접 청취하는 것의 중요성

영화에서는 18세 미만 아동인 애덤이 종교적 신념으로 자신이 사망에 이를 수 있다는 것을 알면서도 수혈을 거부합니다. 이때 병원의 신청으로 법원은 재판을 열어 수혈 등의 의료적 행위를 하도록 결정할 수 있습니다. 이러한 결정의 기준은 '아동의 이익'입니다.

영화에서 판사는 법정에 출석할 수 없었던 당사자인 애덤의 진술을 직접 들으려고 병실까지 방문합니다. 어쩌면 판사 피오나의 결정은 이미 정해져 있었을지도 모릅니다. 아동의 생

---

1   "보호대상아동이란 보호자가 없거나 보호자로부터 이탈된 아동 또는 보호자가 아동을 학대하는 경우 등 그 보호자가 아동을 양육하기에 적당하지 아니하거나 양육할 능력이 없는 경우의 아동을 말한다."(아동복지법 제3조 제4호)

명권과 종교적 신념 중 아동의 이익을 위해서 선택할 것은 당연히 아동의 생명권이기 때문입니다. 그럼에도 불구하고 판사가 아동의 의견을 직접 청취하기 위해서 병원을 방문한 것은 어떤 의미를 가지는 것일까요?

당사자가 법적인 절차 안에서 소외되지 않고 절차 참여권이 충분히 보장되도록 하는 것은 무엇보다 중요합니다. 절차를 거치는 동안 당사자에게 충분한 진술의 기회를 부여하고, 당사자를 설득하고 납득시키는 과정을 거친다면 법원의 결정을 보다 쉽게 받아들일 수 있을 테지요. 피오나가 병원을 찾은 것도 애덤의 의사에 반하는 결정을 내리지 않기 위한 노력의 과정이었을 것입니다.

영화와 같이 아동이 직접 자신의 생명권에 대한 결정을 하는 경우에는 판사는 당연히 아동을 직접 만나 보아야 할 것입니다. 아동의 의사를 직접 청취하지 않고 법의 잣대로만 결정을 한다면 당사자가 결정에 따르지 않는 상황에 다다를 수도 있습니다. 영화의 경우처럼 당사자인 아동이 법정에 나올 수 없는 경우에는 판사가 직접 아동을 찾아가서 그 의견을 청취하고 자신의 생각을 자연스럽게 전달하여 아동을 설득하는 것이 좋겠지요. 권위를 가진 판사가 권위적이지 않게 소통하는 것이 얼마나 큰 힘을 갖는지를 영화에서는 잘 보여 주고 있습니다.

우리나라의 경우

의료행위 거부에 대한 대한민국의 사례를 한번 살펴볼까요? 애덤의 경우와 가장 큰 차이점은 아동의 연령입니다. 아동은 신생아, 3세, 4세로 의사표현을 할 수 없는 연령이었는데, 부모의 종교적 신념과 경제적 이유로 아동의 의사와는 무관하게 의료행위를 거부한 사례들입니다.

2010년 서울의 한 병원이 종교적 신념을 이유로 수술이 필요한 신생아 아동에 대해 수술을 하더라도 수혈은 할 수 없다는 부모를 상대로 '진료업무 방해금지 가처분 신청'을 하였습니다. 서울동부지방법원은 병원의 가처분 신청을 받아들이고 이와 같이 결정했습니다.

"의사능력이 없는 자녀에 대한 진료행위가 긴급하고 필수적으로 이루어져야 하는 상황에서 친권자가 존재하지 아니하거나 친권자가 친권을 남용하여 그러한 진료행위를 거부하는 경우에는 예외적으로, 의료인은 객관적이고 합리적인 자료에 기초하여 의사능력이 없는 자녀의 진료행위에 대한 의사를 추정하여 제한적이고 필수적인 범위에 한하여 필요한 진료행위를 할 수 있다고 보아야 한다."[서울동부지법 2010. 10. 21., 자, 2010카합 2341 결정]

그러나 신생아 아동의 부모는 무수혈 수술을 받겠다며 다른 병원으로 옮겨, 법원의 결정에도 불구하고 안타깝게 아동은 사망하고 말았습니다.

2013년, 서울의 또 다른 병원이 서울중앙지방법원에 3세 아동의 수혈을 그 부모가 방해하지 말도록 해달라는 내용의 가처분 신청을 했습니다. 선천성 심장질환으로 입원하여 치료 중인 아동의 부모가 종교적 신념을 이유로 아동이 수혈을 받는 것을 거부했기 때문입니다. 또한 병원은 아동이 이 병원에서 계속 치료를 받을 수 있도록 부모의 퇴원 요구도 금지해 달라는 신청을 함께 하였습니다.[2]

다음은 2020년의 사례입니다. 4세 아동이 뇌병증으로 인한

---

2   2013. 7. 16. 법률신문 〈서울대병원, 종교적 신념 '수혈거부' 환자 부모에 소송〉
      https://m.lawtimes.co.kr/Content/Case-Curation?serial=76807

폐렴으로 기관절개 수술이 필요한데 아동의 아버지가 경제적인 이유로 수술을 거부하였습니다. 병원은 자체 윤리위원회를 열어 '친권남용에 해당한다'고 판단한 뒤 아동의 아버지를 상대로 '진료업무 방해금지 가처분 신청'을 하였습니다. 그러나 이에 대해 서울중앙지방법원은 '가정법원에 재판을 청구해야 한다'는 결정을 하면서 진료업무에 대해서는 판단하지 않았습니다. 병원은 포기하지 않고 항고했습니다. 이후 서울고등법원에서 아동의 아버지가 병원이 행하는 일체 치료행위를 방해해서는 안 되며 기관절개 수술 전 퇴원을 요구해서도 안 된다는 판결을 내렸습니다.

"친권자가 합리적 이유 없이 친권을 남용해 거부한다면 그 거부에도 불구하고 생명권 존중 차원에서 필수적인 의료행위는 반드시 이뤄져야 한다."

가처분 인용 결정이 내려진 후 아동은 6일 만에 기관절개 수술을 받을 수 있었습니다.[3]

---

3   2020. 6. 1. 아시아경제 〈"친권보다 생명권" 수술거부 부모에 소송 건 서울대병원〉
     https://www.asiae.co.kr/article/2020060111125914739
     2020. 6. 24. 한겨레 〈법원 "생명권이 친권보다 상위 개념"…부모 반대해도 아이 치료
     허용〉 http://www.hani.co.kr/arti/society/society_general/950773.html

첫 번째 사례의 경우, 결정의 효력이 당사자인 부모와 병원에만 한정된다는 것을 악용하여 부모가 아동을 다른 병원으로 옮기는 것까지 예상하지 못해 안타깝게도 아동의 생명을 지키지 못했습니다. 세 번째 사례에서는 부모의 진료행위 방해를 금지하는 것뿐 아니라 퇴원도 할 수 없다는 것을 명확히 하여 아동의 생명을 지킬 수 있었지요.

이러한 사례들에서 볼 수 있듯이, 의사능력이 없는 아동의 경우 부모의 동의가 없더라도 치료할 수 있도록 하는 법률상 근거를 마련하는 것이 무엇보다 시급합니다.

법원의 판결 혹은 결정 후

영화에서 판사의 결정에 따라 생명을 선택한 애덤은 이후 혼란을 겪습니다. 판사에게 전화하여 음성메시지를 남기고, 자신이 쓴 글을 전하고, 직접 찾아가 자신의 혼란스러운 상황을 전하기도 합니다. 판사는 개인과 국가에 관한 사안에 대하여 중립적 위치에서 판결 혹은 결정을 해야 하기에, 업무와 관련된 개인과 접촉하는 것을 최대한 피하려고 합니다. 판사는 자신이 내린 결정의 당사자가 개인적으로 찾아오는 것을 꺼리며, 피오나 역시 같은 반응을 보입니다.

종교가 인생에서 중요한 부분을 차지하여 그로 인해 생명까지 포기하려 했던 애덤이 그 종교적 신념을 버리고 법원의 결정에 따라 수혈을 받았습니다. 그런데 그 후의 상황에 대해, 법원은 아무런 조치를 취하지 않습니다. 아마도 법원이 취할 수 있는 조치가 없었을 것입니다. 법원은 애덤의 인생에 깊은 관여를 하여 삶의 뿌리를 흔들어 놓았지만, 법원이 하려던 것은 애덤이 생명을 포기하지 않게 하는 것이었기에, 애덤이 치료를 받고 건강해진 다음 법원의 임무는 끝이 난 것일지도 모릅니다.

하지만 미성년자였다가 갓 미성년자를 벗어난 애덤에게 법원의 결정은 그 이상의 의미가 있었습니다. 애덤은 판사를 통하여 다시 삶을 보게 되었고, 판사에게 자신의 생각을 전달하고 연결되고 싶어 합니다.

아동을 위한 결정과 판결을 하는 판사는 일반적인 사건을 다루는 판사와 다른 생각과 접근이 필요합니다. 법적으로 의무가 있든 없든, 아동의 특성을 이해하고 아동이 도움이 필요하다는 것을 인식하였을 때에는 조치를 취해야 합니다.

애덤이 찾아왔을 때 피오나는 애덤에게 필요한 것이 무엇인지를 깊이 있게 들여다보았어야 합니다. 판사 본인이 할 수 없다면 기관을 연계하여 애덤의 필요를 파악하도록 해야 합니다. 법원의 결정으로 새로운 삶을 살게 된 애덤이 판사를 찾아와서 혼란스러운 상황을 전할 때 판사가 해야 할 조치는 다시는 찾아오지 말라는 말이 아닙니다. 피오나는 애덤의 방문을 개인적인 일로만 생각하여 두려움을 느끼고 밀어냅니다. 그것은 아동에 대한 중요한 결정을 하는 판사가 경계해야 하는 태도입니다.

아동의 문제에 있어서 가장 중요한 관점은 아동의 이익입니다. 하지만 성인의 입장에서 내리는, 아동의 이익을 위한 결정이 아동의 심리적 충격까지 막아 주지는 못합니다. 특히 애덤과 같이 18세에 다다르는 데 몇 달이 남지 않은 성인에 가까운 아동의 경우에, 본인의 결정에 대해서 법원이 개입하였을 때에는 그 혼란의 정도를 예상하여 대처해야 합니다.

'아동의 최선의 이익(Best Interests of the Child)'이라는 것은 사안의 결론을 내는 것에서만 고려되어서는 안 될 것입니다. 그 결론으로 인해서 일어날 일까지 예상하여 충분한 대비가 필요합니다. 가장 좋은 방안은 복지와 연계하여 아동이 심리상담, 가족상담 등을 받는 등 법원의 결정으로 인한 충격을 완화하는 장치들을 마련하는 것입니다.

로제타 플랜

로제타
Rosetta, 1999

시시한 삶도 없고 위대한 삶도 없다.

-후지와라 신야

"고된 노동의 땀을 씻어 내고 상처받은 마음을 치료하는 잠."

이 말은 셰익스피어의 《맥베스》에 나오는 대사인데요. 요즘 20~30대의 많은 청년들이 불면증에 시달린다는 기사가 시선을 끕니다. 왜 그들은 한창인 나이에 잠을 못 이루는 것일까요?

우리 시대의 청년들을 가장 아프게 규정짓는 단어가 있다면 바로 금수저와 흙수저, 즉 수저론이 아닐까 합니다. 태생적인 경제 환경을 수저로 분류한 이 단어 속에 차마 넘지 못하는 갈등과 한계가 배어 있기도 합니다.

금수저나 은수저를 물고 태어난 청년들은 고된 육체노동을 거의 하지 않습니다. 부모님과 집안의 후원을 바탕으로 좋은 스펙을 쌓아 사다리의 맨 위에서 사회생활을 시작하지요. 반면 어려운 가정형편과 평범한 부모를 둔 개천에 사는 청년들은 무거운 노동의 하루를 보내고도 사다리의 아래에 서서 불투명한 미래에 대해 잠을 못 이루며 고민하고 있습니다.

주거지도 일자리도 안정되지 못한 채 부양해야 할 부모까지 있다면, 그 청년에게 어른들은 무슨 말을 해줄 수 있을까요? 이 영화는 그 소녀, 로제타에 관한 이야기입니다.

가난은 왜 나의 몫인가

로제타(에밀리 드켄)는 18세 소녀입니다. 우리나라로 생각하면 고3 정도 되었겠지요? 그녀는 학교를 다니지도 않고 알코올 중독인 어머니를 부양하며 이동식 트레일러에서 생활합니다. 매일 학원 공부와 입시 경쟁에 시달리는 여러분과는 좀 다른 환경에서 살고 있는 그녀의 최대 목표는 일자리를 구하는 것이지요. 어떤 일이든 해야만 먹고살 수 있고, 악몽과 같은 현실이라도 유지할 수 있다는 절박감이 있습니다.

하지만 단지 수습기간이 끝났다는 이유로 공장에서 쫓겨나고, 심지어 근무기간이 짧아서 실업급여를 탈 수도 없습니다. 공장에서 쫓겨나지 않기 위해 몸부림을 치고 거칠게 항의하지만, 그녀는 결국 공장 밖으로 밀려 나와서 딱딱해진 빵조각을 삼킬 뿐입니다.

우리나라는 요즘 청년구직활동지원금이나 실업급여와 같은 사회안전망이 있지만, 그렇다고 해도 우리 사회가 이 영화 속 로제타의 이야기를 남의 일이라고 말할 수 있을까요? 청년 실업 문제는 우리 사회의 가장 큰 고민 중 하나입니다. 이 영화가 제작될 당시 1999년 벨기에 역시 그런 청년들이 많았고, 그들은 누구의 도움도 받을 수 없는 상황이었습니다. 이 영화는 그런 청년들의 실업 문제를 정면으로 다루고 있습니다.

로제타는 가난이 일상입니다. 헌 옷을 주워서 어머니가 수선을 하면 그것을 내다 팔기도 하고, 먹을 음식이 부족하여 지렁이를 미끼로 숭어를 잡기도 합니다. 하지만 매번 끼니때는 어김없이 돌아오고, 결코 채워지지 않는 허기를 안고 사는 로제타에게 현실은 집 근처의 넝쿨 가시처럼 몸에 알알이 박힙니다. 게다가 알코올 중독인 어머니는 늪처럼 그녀의 발목을 잡습니다.

성실하게 노력하고 일해도 안정된 직장을 찾기는 불가능해 보입니다. 그런데 어쩌다 운 좋게 와플 가게에서 반죽하는 일을 하게 되는데요. 그것은 로제타에게 엄청난 희망처럼 보였지만, 3일 뒤 사장(올리비에 구르메)의 아들이 퇴학을 당하자 그 자리마저 뺏기고 맙니다. 성실하게 노력하고 일을 잘해도 그녀보다 훨씬 좋은 조건의 또래에게 기회를 뺏겨야 하는 것이 현실이죠.

1999년에 만들어진 이 영화를 우리가 지금이라도 봐야 하는 이유가 여기에 있기도 합니다. 우리 사회는 균등, 공정, 정의와 같은 말들을 외치고 있지만 정말로 그런 세상이 되어 가고 있는지 눈을 의심케 하는 일들이 수도 없이 일어나고 있습니다. 1999년 벨기에의 현실을 고발한 영화가 20년 후 한국의 로제타들을 돌아보게 만듭니다.

로제타는 다시 와플 가게로 돌아가 일을 하게 되죠. 그런데 그것은 동료 리케(파브리지오 롱기온)의 비리를 고발하여 빼앗은 자리였습니다. 사실 리케는 로제타에게 호의를 보이고 심지어 좋아하는 듯합니다. 로제타에게 숙소도 제공하고 그녀의 곁을 맴돌지만, 결국 로제타는 리케를 밀어내고 그의 자리를 차지합니다. 그렇게 하지 않으면 로제타에게 돌아올 일자리가 없거든요.

이런 현실은 영화를 보는 내내 마음을 아프게 합니다. 누군가를 밀어내지 않으면 내 자리를 찾을 수 없고, 경쟁을 하지 않고는 살아남을 수 없는 우리 사회의 현실이 뼈아프게 다가오니까요. 일자리를 놓고 벌이는 청년들의 이런 사투는 최근 들어 세대 간의 일자리 경쟁으로까지 이어지고 있습니다. 또래들끼리의 경쟁도 불사해야 하지만, 평균수명이 늘어남에 따라 이제는 일자리를 가운데 두고 세대 간의 갈등으로까지 나아가고 있는 것이지요.

열심히 일을 하고 싶어도 일자리가 부족하고, 또 정말 성실하게 노력해도 부를 물려받은 금수저를 따라잡을 수 없습니다. 노력하면 정말 이 가난에서 벗어나고 성공할 수 있는 것일까요? 계층 간의 사다리는 노력하면 사라질까요?

인간적인 삶을 요구합니다

젊은 층을 괴롭히는 '크론병'이라는 것이 있는데요. 복통에 시달리고 설사를 동반하는 병으로 궤양성 대장염과 함께 대표적인 염증성 장질환입니다. 서구에서 많이 발병하던 병인데 불규칙적인 식사와 생활환경에 노출된 젊은 층을 중심으로 우리

나라에서도 많이 발견되고 있다고 합니다.

로제타 역시 시도 때도 없이 원인을 알 수 없는 복통에 시달립니다. 참을 수 없는 복통이 일어나면 병원에 갈 엄두를 내지 못하고 스스로 치료해야 합니다. 거주할 집은 물론이고 최소한의 식료·의료도 보장받지 못한 채, 그야말로 로제타의 입장에서는 무정부적인 삶을 살고 있습니다. 18세 소녀가 혼자 감당하기에는 너무 깊은 수렁 같지 않나요?

로제타가 집 근처 늪에 빠졌을 때 엄마는 그녀를 외면하고, 로제타는 스스로 죽을힘을 다하여 간신히 빠져나옵니다. 헤어날 수 없는 늪에 빠졌을 때, 누가 도움의 손길을 내밀어야 할까요?

이 영화를 보면서 우리는 두 가지 복지를 생각해 볼 수 있습니다. 소득수준에 관계없이 누구에게나 동일한 복지혜택을 주는 보편적 복지와 사회생활을 영위할 수 없는 상황에 처한 사람들을 가려내 국가가 기본 생계를 지원하는 선별적 복지가 그것인데요. 학생들의 급식부터 시작하여 그 논쟁은 아직도 우리 곁에서 답을 기다리고 있습니다.

얼마 전 뉴스에는 $16m^2$ 청년주택에 관한 기사가 있었습니다. 서울시 등에서 제공하는 청년주택이 너무 협소하여 도저히 살 수 없다는 하소연도 있었고, 반면에 고시원에 비하면 그게 또 어디냐는 얘기도 있었는데요. 2017년 상영한 전고운 감독의 〈소공녀〉는 로제타와 같이 몸을 누일 집 한 칸이 없어서 도시를 전전하는 프로 가사도우미 '미소'의 이야기를 다루고 있습니다.

미소 역시 살아가기 위해서는 어떤 일이건 해야만 하는데요. 몸을 누일 방 한 칸 마련하지 못해 결국은 지하 단칸방에서까지 쫓겨 나오게 됩니다. 미소는 게으름을 부리지도 않았고, 무슨 일이건 일을 할 수 있으면 행복했고, 로제타처럼 살아남기 위해서 최선을 다했습니다. 하지만 그녀가 마지막으로 찾아간 곳은 한강변에 외로이 서 있는 작은 텐트일 뿐입니다.

미소나 로제타에게 열심히 노력하면 된다, 라는 말을 하기는 정말 어렵습니다. '아프니까 청춘이다'라는 말도 사치스럽습니다. 로제타나 미소가 원하는 것은 '평범한 삶'일 뿐인데, 다른 사람들처럼 보통으로 사는 일이 그녀들에게는 너무 어렵습니다.

선진국인 벨기에에서도 이렇듯 청년실업, 주거, 기본권 등에 대한 고민이 많았는데요. 당시 벨기에의 청년실업률은 OECD 평균 12.8%보다 10%가 높은 22.6%에 달했다고 합니다. 저학력 청년층의 실업률은 30.4%로, 고학력 청년실업률인 14.4%

의 두 배에 달하는 수준이었다고 하니 로제타와 같이 제대로 학업을 마치지 못한 청년들의 상황이 더욱 이해가 되네요.

2019년 8월 기준으로 우리나라의 청년실업률은 7.2%이지만, 현실에서 체감하는 실업률은 더욱 높습니다. 제대로 된 직장을 가진 청년은 실제로는 훨씬 소수이기 때문입니다.

장 피에르 다르덴과 뤽 다르덴 감독은 이 영화를 통하여 벨기에 청년실업에 관한 법안을 이끌어 냅니다. 바로 '로제타 플랜'인데요. 저학력 청년층에 일자리와 훈련의 기회를 주기 위해 실시된 청년실업 대책입니다.

희망의 사다리는 있을까

벨기에를 대표하는 거장인 다르덴 형제는 영화감독이자 제작자이기도 합니다. 이들은 1970년대 후반, 다큐멘터리를 시작으로 하여 영화라는 매개체로 세상을 현미경처럼 들여다보고 있습니다. 이들의 작품은 주옥 같은 메시지를 전하며 더 나은 사회와 세상을 위한 역할을 톡톡히 하고 있는데요. 〈로제타〉는 비교적 초창기 작품이며 이 외에도 대표작으로 〈아들〉(2002), 〈자전거 탄 소년〉(2011), 〈내일을 위한 시간〉(2014) 등이 있습니다.

1999년 칸영화제에서 〈로제타〉는 누구도 쉬이 예상치 못했던 '심사위원 만장일치'로 황금종려상을 수상합니다. 관객들도 놀랐고, 당시 언론들은 '놀라움의 연속'이란 제목으로 기사를 대서특필했다고 합니다. 그리고 영화가 성공한 뒤 '로제타 플랜'이라고 불리는 청년실업 대책이 등장하죠.

2000년부터 벨기에 정부는 학업을 마치고 막 노동시장에 내던져진 젊은이들에게 '로제타 플랜'을 적용하고 있는데요. 영화 한 편이 실질적으로 법 개정을 이끌었고, 그것이 현재까지도 이어져 학교를 졸업하고 6개월 이내의 젊은이라면 누구라도 이 혜택을 이용해 취업의 기회를 얻을 수 있다고 하네요.

"영화가 목표로 했던 '청년실업' 문제와 '경제적 계층 분리'의 문제가 어느 정도 소통됐다고 말할 수 있다"라는 영화 소개 글을 읽으며 이런 생각이 듭니다.

오늘날 우리 사회도 계층 간의 갈등이 극에 달하고, 이미 태어날 때부터 계급론의 한계에서 벗어날 수 없는 신자유주의 가두리에 갇혀 있는 느낌입니다. 능력 있는 부모와 경제적으로 풍족한 가정에서 태어난 아이들과 그렇지 못한 아이들 사이의 간극이 너무 큽니다. 중학교부터 시작된 입시 경쟁은 고등학교부터 학교별 계급으로 나뉘고, 이것은 대학 그리고 그 이후의 직업 선택으로까지 이어집니다. 태생적인 한계를 아이들에게 스스로 극복하라고, 개천에서 용이 날 수 있으니 노력하라고 강조하기에는 현실이 너무도 아득합니다.

그래서 다르덴 형제 감독이 대단하고 소중하게 여겨지는 것이랍니다. 이런 어른들이 있기 때문에 세상은 살 만한 것이라고, 그래도 희망의 사다리는 아직 남아 있다고 말할 수 있는 것이고요. 다르덴 감독은 로제타에게 이런 말을 해주는 듯 보였습니다.

"힘들지…? 하지만 로제타, 너는 혼자가 아니야."

영화 속에서 로제타를 바라보는 감독의 시선은 한편으로는 무겁지만 한편으로는 '우리가 너희를 지켜보고 있단다' 하는 느낌을 갖게 하거든요. 그것이 참 좋았습니다.

자, 마지막 장면을 보면요. 로제타는 술에 취해 의식이 없는 어머니를 집으로 데리고 옵니다. 그리고 침대에 눕힌 다음, 와플 가게의 사장에게 연락을 하지요. 내일부터 일하러 나가지 않겠다는 것인데요. 일자리를 갈구했던 로제타로서는 폭탄선언인 셈입니다. 그러고는 달걀을 하나 먹고 비장한 표정으로 가스통을 메고 나옵니다.

가스통을 교환하러 나오는 것인지, 그것으로 스스로 생명을 끊으려고 하는 것인지 확실하지 않은데, 그때 마침 로제타의 앞에 누군가 나타나죠. 바로 비리를 고발당하고 로제타에게 일자리를 빼앗긴 리케입니다. 얼핏 보면 리케가 로제타를 협박하는 것처럼 오토바이로 주변을 서성이지만, 로제타가 울부짖자 그녀에게 다가가서 팔을 잡고 몸을 일으켜 줍니다.

이 마지막 장면을 보려고 여태 이 영화를 봤구나, 싶을 만치 가슴이 뭉클해졌습니다. 청년 리케는 자신의 일자리를 빼앗은 로제타의 곁에서 그녀의 팔을 잡아 줍니다. 쓰러진 로제타를 일으켜 주는 것은 바로 한때 동료였던 리케였습니다. 그나마 위안이 된다면 바로 이런 모습 때문이겠지요? 이런 손길이 있기에 아직도 희망이 있다고 생각하면 너무 기대가 큰 것일까요?

청소년 노동과
복지에 대하여

"평범하게 살고 싶어요."

사회가 말하는 일반적인 평범한 삶이라는 것은 가족과 함께, 학생 때에는 교육을 받고, 학교를 졸업하면 직장을 갖고, 결혼을 하면 아이를 낳는 그런 삶이겠죠?

로제타는 학교에 다니고 있지 않습니다. 트레일러에서 알코올에 중독된 엄마와 함께 사는 로제타가 간절히 원하는 것은 생계를 해결하기 위한 일자리입니다. 불법적인 일은 일이 아니라고 말하면서, 노동을 하고 그 대가를 받아 최소한의 생계를 유지하기를 간절하게 바라고 있습니다.

노동 그리고 비정규직

대한민국 헌법 제32조는 국민의 근로의 권리와 의무를 정하고 있습니다. 국민이 근로의 권리를 실현하기 위해서 국가는 고용증진과 적정임금의 보장에 노력하여야 한다고 명시하고 있지요. 근로를 하려 해도 일자리가 없다면 근로의 권리가 보장되지 않을 것이기 때문입니다. 근로조건의 기준은 인간의 존엄성을 보장하도록 법률로 정하도록 하고 있어서 근로기준법이 제정되었습니다.

현재 우리는 실업이 심각한 사회문제로 대두되고 있지요. 정부의 가장 큰 고민도 어떻게 일자리를 늘리느냐에 있습니다. '청년실업'은 더욱 심각한 상황입니다. 대한민국의 경제가 더 이상 성장할 수 없는 상황에 직면하면서 일자리를 늘리는 것이 쉽지 않고, 특히 비정규직이 늘어나면서 노동자의 고용안정성이 낮아졌습니다. 평생직장의 개념은 사라진 지 오래여서 청년들이 삶의 안정을 위하여 공무원 시험에 몰리고 있습니다.

1997년의 외환위기 이후 대량해고 사태를 완화하기 위해 1998년 노사정위원회에서는 근로자파견제와 정리해고제 확대방안을 타결했습니다. '파견근로자 보호 등에 관한 법률' 제정(1998. 2. 20.)과 근로기준법 개정(1998. 2. 20.)으로 긴박한 경영상 필요에 의한 정리해고에 대하여 "경영악화를 방지하기 위한 사업의 양도, 인수, 합병은 긴박한 경영상 필요가 있는 것으로 본다"라고 정함으로써 정리해고의 사유를 넓혔습니다. 위기에서 벗어나기 위한 불가피한 선택이었으나 이로 인해 정규직과 비정규직 간의 큰 임금격차 등 노동시장의 양극화가 심화되었지요.

비정규직의 비중은 갈수록 높아지고 있습니다. 통계청에 따르면 2018년 전체 근로자 중 비정규직 비중이 32.8%에 달하여, 대한민국 근로자 10명 중 3명 이상이 비정규직 근로자라고 합니다. 비정규직은 저임금으로 차별받고, 고용안정성이 낮아 언제 직장을 잃을지 모르는 불안감에 항상 놓여 있습니다. 비정규직의 급여는 정규직의 50~60% 수준에 불과한 것으로 추산이 됩니다. 저임금으로 인해서 가계대출은 증가하고 소비가 부진하여 경제 침체를 가져오고 있습니다. 따라서 경제와 사회 발전을 위해서는 비정규직을 줄여야 한다는 공감대가 확산되고 있지요.

청소년과 청년의 경우 비정규직이면서도 단시간노동 혹은 초단시간노동을 하는 경우가 많습니다. 상시 5인 이상을 고용하지 않는 경우와 단시간노동의 경우 등에는 근로기준법이 완전히 적용되지 않아서 더 열악한 상황에 놓이게 됩니다. 또한 한번 비정규직이 되면 정규직이 될 가능성이 현저히 떨어집니다.

그러나 외국에서는 비정규직을 선호하는 경우도 있습니다. 비정규직의 시급과 일자리가 적정하게만 보장된다면 학업 등을 병행하면서 일을 할 수 있는 장점이 있기 때문입니다. 대한민국의 경우 최저시급이 낮아서 단시간노동으로는 충분한 생활비를 벌 수 없어, 정부는 최저시급을 높이기 위한 노력을 하고 있습니다.

우리가 현재 살고 있는 사회는 자본주의사회로, 빈곤층을 위한 복지제도를 늘리고 있으나 부족한 현실입니다. 자본주의 사회의 가장 큰 문제인 부익부빈익빈을 해소하기 위해서 복지제도를 도입하고 있지만, 가장 기본적인 이념은 노동을 통하여 스스로 생계를 유지해야 한다는 것입니다.

아동을 위한 복지제도

로제타에게는 정부가 고용을 증진하여 일자리를 늘리는 것도 중요하지만, 안정된 직업을 갖기 위해 실업급여를 보장하고 직업교육을 받을 수 있는 기회를 제공하는 것이 무엇보다 시급합니다. 로제타의 어머니가 알코올 중독으로 병원에 입원해야 하는 상황이라면 갓 성인이 된 18세의 로제타에게 필요한 것은 복지입니다. 안정된 주거를 제공받고 그곳에서 최저생계비를 받으면서 직업교육을 받을 수 있어야 합니다.

대한민국의 경우 18세 미만인 아동이 그 어머니가 알코올 중독을 치료하기 위해 병원에 입원했다면, 아동은 아동복지법에 따라서 보호조치를 받게 될 수 있습니다. 보호조치에 따라서 아동복지시설에 입소해야 하는 경우도 있습니다.

그럼 아동이 시설에서 생활하기를 원하지 않는 경우에는 어떻게 될까요? 그렇다 해도 아동을 보호할 보호자나 연고자가 없고 아동의 보호를 희망하는 사람이 없는 경우에는 어쩔 수 없이 아동복지시설에 위탁할 수밖에 없는 현실입니다.

그러한 보호조치를 하기 위해서는 보호대상아동에 대한 상담, 건강검진, 심리검사 및 가정환경조사를 실시하고 보호대상 아동의 의사를 존중해야 할 것입니다. 하지만 현실에서는 아동의 의사보다 보호자의 의견이 우선시되는 경우가 많고, 관리의 효율성을 위해 아동의 의사와는 무관하게 아동복지시설에 위탁되는 경우가 많습니다. 그러나 아동이 시설에서 생활하기를 원하지 않는 경우에는 연령에 따라서 학교 등 현재의 상황을 최대한 유지시키며, 아동이 변화로 인한 충격이 최소화되도록 적절한 복지서비스를 제공할 필요가 있겠지요.

또 선별적 복지냐 보편적 복지냐를 가지고 의견대립이 있습니다. 사안에 따라서 둘 중에 적절한 것을 선택해야겠지요. 아동의 생존권, 교육권, 건강권 등에 관해서는 보편적 복지제도를 도입하여 아동이 복지로 인해 낙인찍히지 않도록 하고, 대한민국의 아동은 국가가 책임진다는 생각으로 아동을 돌보아야 할 것입니다.

대한민국은 세계에서 가장 먼저 소멸될 국가라고 합니다. 그만큼 출산율이 낮습니다. 물론 출산율을 높이는 정책도 중요합니다. 그러나 현재 대한민국에 살고 있는 아동을 소중하게 여기고 그들을 어떻게 하면 잘 키울 수 있을지에 대해서 깊이 고민하였으면 합니다.

대한민국은 그동안 아동의 보호에만 초점을 맞추어 아동의 권리에 대해서 숙고하지 못했습니다. 이로 인해 아동의 이익을 우선하고 아동의 의사를 존중하기보다는, 아동의 의사는 미숙하다는 고정관념하에 성인의 관점에서 그리고 관리의 관점에서 정책이 만들어졌다는 점을 반성하고, 온 국민이 함께 아동을 키운다는 마음으로 국가 정책을 만들어 가야 하겠습니다.

소년법

낙인과 용서

자전거 탄 소년
The Kid With A Bike, 2011

현자는 자신의 이익을 사랑하는 것이 아니라
사랑 그 자체에서 행복을 발견하기 때문에 사랑하는 것이다.
-파스칼

"선생님, 제가 진짜 글을 잘 쓰나요?"

서울소년원에서 영화를 보고 글쓰기를 하던 원생이 멋쩍은
듯 물었습니다.

소년원의 일진으로 아이들이 가장 두려워한다던 A가 학교
선생님께 편지를 썼는데 글이 너무 좋아서 가슴이 뭉클했습니
다. 논술학원에서 배운 글이 아닌, 진짜 가슴에서 우러난 글이
었는데요. 상당한 문재가 있어 보였습니다. 그래서 따로 아이

를 불렀더니 혹시 혼이 나나 해서 긴장한 기색이 역력하더군요. 그 아이의 손을 잡고 말했습니다.

"소년원을 나가서 어떤 일을 하건 너는 꼭 글을 썼으면 좋겠구나."

그러자 그 무서운 표정이 갑자기 천진난만한 아이처럼 화사해지더군요. 배시시 수줍은 웃음을 띠며 꾸뻑 인사를 하고 나갔는데, 알고 보니 소년원에서 가장 오래 있었다는 그 아이는 다루기가 무척 힘든 원생이었다고 합니다. 다른 아이들이 두려워하는 존재였다는데, 칭찬 한마디에 그만 헤벌쭉해진 것을 믿을 수가 없었습니다. 나중에 들어 보니 교무실에 와서 선생님들께 엄청난 자랑을 했다고 하더군요.

그 아이도 결국 무서운 범죄자가 아닌, 칭찬 한마디에 기분이 좋아지는, 멋지고 빛나는 청소년이었던 것입니다. 다만 피치 못할 일이나 어떤 옳지 못한 순간의 선택으로 범죄의 길로 접어들었을 뿐이지요. 이번 영화는 이러한 소년 범죄자들을 우리 사회가 어떻게 볼 것인가를 생각해 보게 하는 작품입니다.

아빠가 필요한 시릴

아무나 문제아가 되지는 않지만 누구나 또한 문제아가 될 수도 있는 것이지요. 잠깐의 실수로 소년원이나 혹은 경찰서로 교정 프로그램을 이수하러 온 청소년들을 보며 '이 아이는 왜 이 자리에 앉아 있을까?'라는 생각이 들 때가 많았습니다. 어른도 그러하지만 순간의 실수로 범죄를 저지른 아이들에게 모든 죄를 다 지울 수는 없다는 생각이 더욱 뚜렷해지는 영화가 〈자전거 탄 소년〉이지요.

다르덴 형제 감독은 이 작품을 통하여 구원의 이야기를 하고 싶었다고 합니다. 부모로부터 버림받은 열한 살 시릴을 통하여 한 아이가 범죄의 늪에 빠지고 구원을 받는 과정을 고스란히 보여 줌으로써 어쩌면 아이들과 어른 모두에게 말을 걸고 있다는 생각이 듭니다.

시릴이 범죄에 빠지는 과정과 그 이후 화해와 조정 과정은 우리 사회에 중요한 메시지를 던지며 우리가 간과하는 부분을 고스란히 드러내기도 하는데요. 애초에 범죄를 막는 것도 중요하지만, 아이가 다시는 범죄의 길로 접어들지 않게 하는 것이 얼마나 중요한지도 생각해 볼 수 있는 작품입니다.

시릴(토마 도레)의 아빠는 아이를 버렸습니다. 돈도 없고 재혼할 여자가 시릴을 원하지 않기 때문이었겠지요. 그런데 시릴은 애처로우리만큼 아빠를 원하고 있습니다. 자신을 버렸다는 그 사실을 믿을 수 없는 시릴은 아빠가 자전거를 팔았다는 사실 또한 믿지 못합니다. 시릴에게는 아빠만큼이나 자전거가 중요합니다. 우리 어렸을 적에는 남자아이들의 소원 가운데 하나가 자전거를 갖는 것이었지요. 남자아이들에게 세상을 향하여 달려 나갈 자전거는 대단히 중요한 의미를 가지는 듯합니다.

아빠도 자전거도 없는 시릴은 보육원에서 생활을 해야 합니다. 하지만 혹시 아빠가 거기 있을까, 하고 예전에 살던 집을 찾아갔다가 같은 건물의 병원에서 사만다(세실 드 프랑스)를 만나게 됩니다. 그런데 아무런 조건 없이 사만다가 자전거를 사서 차에 싣고 보육원으로 시릴을 찾아오게 되고, 이 일을 계기로 사만다는 시릴의 주말 위탁모가 되지요. 시릴은 자전거의 앞바퀴를 들어 올리는 묘기를 부릴 수도 있고, 지그재그를 할 수도 있습니다. 빠른 속도로 언덕을 올라가는 것은 기본이지요. 이 모든 것을 시릴은 아빠 대신 낯선 아줌마 사만다에게 보여 줍니다.

시릴에게 아빠는 어떤 존재일까요? 저렇게 간절히 원하는데 아빠는 꼭 그렇게 해야만 했을까, 그런 생각을 해봅니다. 사만다와 시릴은 아빠가 일하는 식당으로 찾아갑니다. 그곳에서 시릴은 아빠에게 끊임없이 손을 내밉니다. 새로 생긴 휴대폰의 번호를 알려 주기도 하고, 아빠가 하는 요리를 직접 해보기도 하며, 아빠와의 간극을 좁히려고 애를 씁니다. 그러나 아빠는 시릴을 보고 싶지 않다며 다시는 찾아오지 말라고 하죠. 아이가 얼마나 상심했을지 짐작하기는 어렵지 않습니다. 시릴은 돌아오는 길에 차 안에서 얼굴을 쥐어뜯는데요. 사만다가 아무리 자전거를 사다 주어도, 곁에 있어도, 시릴은 아빠가 필요했던 것이지요.

아이들에게 아빠의 손이나 등이 얼마나 크고 단단한지 잘 모르는 어른들도 있는 것 같습니다. 아빠가 된다는 것은 단순히 자신의 남성다움과 유전자를 확인하는 것을 넘어서 한 인간의 완전한 우주가 된다는 것을 의미합니다. 이 영화를 보고 나서 관객들과 얘기를 나눌 때, 세상에 저런 아빠가 어디 있느냐고 하시던 학부모가 계셨습니다. 현실은 영화보다 더욱 드라마틱하지 않나요?

네 잘못이 아니야

시릴은 주말마다 사만다의 집에서 보통의 아이들처럼 지내게 되는데요. 심부름을 하고 동네 아이들과도 만나며 평범한 생활을 시도합니다. 하지만 동네의 불량 청소년인 웨스를 만나면서 시릴의 생활은 또 한 번 파고를 맞이하게 됩니다.

주말 위탁모인 사만다와의 관계는 더없이 평화스러워 보입니다. 심지어 사만다는 '자신과 시릴 가운데 누굴 선택할 것이냐'는 남자친구의 질문에 "시릴"이라고 대답하는 바람에 서로 냉랭한 관계가 되어 버리기도 하지요. 하지만 시릴은 동네 불량배인 웨스의 과잉 친절에 넘어가서 함께 범죄에 가담하게 됩니다.

이 과정을 어른의 시각에서 보면 이해하기 어려운데, 아이들은 의외로 답을 간단히 찾았습니다. 시릴이 위험하고 잘못된 것인 줄을 알면서도 웨스를 도운 것은 어쩌면 첫 친구이고 그의 호의에 보답하기 위해서일 것이라고 생각하더군요. 아이들 간에 신뢰를 쌓기 위해서는 간혹 어른들이 이해할 수 없는 일들도 하기 마련입니다.

웨스를 도와서 연습 끝에 강도짓을 하게 되었지만 상황은 예상과 달리 펼쳐집니다. 강도 행각이 들통날 것을 염려한 웨스는 돈을 모두 시릴에게 던져 주었고, 얼떨결에 시릴의 손에는 돈이 생겼습니다. 시릴은 이제 어디로 갈까요? 아이가 그때 생각해 낸 사람은 아빠였습니다. 그는 아빠가 돈 때문에 자신을 버렸다고 믿고 있고, 그래서 돈이 있으면 아빠가 다시 돌아올 것이라고 생각한 것이지요. 이 돈이 아빠와 자신을 다시 가족으로 묶어 줄 것이라고 믿었을 것입니다. 하지만 아빠의 말은 얼마나 냉정했던가요.

"누굴 감옥에 보내려고. 썩 꺼져! 다시는 찾아오지 마."

이 말은 이제 아빠가 완전히 시릴을 버렸고, 시릴이 아빠를 잊어도 좋다는 뜻으로 들렸습니다. 아빠는 자신의 자리를 포기한 것이지요. 이 장면을 보면서 고개를 가로젓는 분들도 계셨습니다. 그럼요. 당치 않은 일이지요. 하지만 감독이 어느 정도 개연성이 있는 실화를 바탕으로 했다고 하니 아주 황당한 일은 아닐 것입니다.

그리고 이제 시릴은 정신없이 달립니다. 사만다 아줌마를 향해서, 그들의 집을 향해서 말이지요. 닫힌 문, 시릴은 그 문의 벨을 누릅니다. 문이 열리고, 자기가 팔뚝을 찔러서 상처를 냈던 사만다 아줌마가 나타납니다. 사만다는 경찰이 찾아왔었단 말과 함께 같이 가자고 하지요.

이 장면은 정말 많은 사람들에게 울림을 주었습니다. 특히나 감동적으로 받아들이던 이들은 구치소에 있는 성인 재소자들과 소년원생들이었습니다. 영화 속에서 가장 인상 깊은 장면을 고르라고 하니 이 장면을 꼽더군요. 사람은 누구나 죄를 짓지만, 누구나 또한 용서를 받고자 합니다. 돌아온 시릴을 본 사만다의 반응이 참 인상 깊었지요.

"아줌마랑 살고 싶어요."

"뽀뽀해 줄래?"

허탈하리만치 사만다는 뽀뽀 한 번으로 시릴을 용서해 버립니다. 이런 일이 가능할까요?

사만다가 시릴을 도와주기로 마음먹은 시기는 아마도 병원에서부터일 것이라는 의견들이 많았습니다. 다르덴 형제 감독이 이 작품을 만들 때 가장 고민했던 부분이 사만다라는 인물이었다는 것은 익히 알려져 있습니다. 통상적으로 이러한 인물이 영화 속이긴 하지만 가능한 일일지를 고민했겠지요. 하지만 사만다를 통하여 구원의 의미, 마더 테레사가 아닌 일반인의 구원에 대하여 말하고 싶었을 것이라고 생각합니다. 무엇보다 시릴의 환경을 알고 있는 사만다는 "네 잘못이 아니야"라는 어른의 마음을 갖고 있었을 것입니다.

화해와 조정

사만다는 우리에게 정말 중요한 것을 알려 주었지요. 누구나 기회가 되면 선을 베풀고 누군가를 구원해 줄 수 있다는 것이지요. 나아가 인간이 행하는 선에는 이유가 없고, 그가 내민

손은 한 인간의 삶을 완전히 바꿔 놓을 수 있다는 것입니다.

사만다 역시 외로운 성장기를 지나왔을 것이라는 의견도 많았습니다. 그래서 시릴을 자신도 모르게 이해하고 도와주었을 것이라고 말이지요. 특히 바베큐 그릴이 마당에 있지 않고 지하창고에 있었다는 것은 사만다도 파티를 할 가족이 없었음을 짐작하게 했습니다. 그런데 함께 바베큐 파티를 할 식구가 생겼으니 이 또한 사만다에게는 얼마나 큰 기쁨이겠습니까. 결국 사만다는 시릴을 도와줌으로써 그 스스로 존재의 가치를 확인한 셈이기도 합니다. 봉사를 할 때 가장 큰 수혜자는 봉사자 자신이라는 말이 있는 것처럼, 나눔과 베풂은 동반성장으로 가는 길목이기도 하지요.

하지만 이 영화에서 우리가 이제부터 고민해야 할 가장 큰 숙제가 하나 남아 있습니다. 그것은 바로 가해자인 시릴과 피해자 부자의 화해와 조정 과정입니다. 사만다는 시릴을 대신하여 피해자에게 합의금을 물어 주게 됩니다. 장장 20개월 동안 상당한 금액을 물어 주게 되겠지요. 그런데 그 과정을 고스란히 시릴과 함께합니다. 시릴은 모두가 지켜보는 앞에서 피해자에게 사과를 하고, 용서를 구합니다.

우리나라 영화 가운데 이창동 감독이 만든 〈시〉(2010)는 여

청소년을 위한 영화 속 인권 이야기

중생 집단성폭행 사건을 다루고 있습니다. 그런데 가해자 청소년의 부모들은 합의와 조정 및 화해가 진행되는 동안 누구도 자신의 아이들을 동참시키지 않습니다. 아이들은 배제하고 그저 부모들이 만나서 돈으로만 해결하려고 하지요. 정작 당사자들은 자신들이 한 짓이 얼마나 엄중하고 심각한 일인지 알기나 할까요?

영화 속에서 할머니 미자는 집단성폭행에 가담했던 손자가 태연하게 밥을 먹고 웃고 TV를 보는 것을 지켜봅니다. 피해자는 스스로 목숨을 끊었는데, 비록 아이지만 그 태연함을 보면서 미자는 무슨 생각을 했을까요? 그리고 결국 손자를 경찰에 인계하지요. 그것은 손자가 미워서가 아닙니다. 자신이 저지른 일에 대한 책임을 지고 반듯한 어른으로 성장하기를 바라는 마음이었겠지요. 시릴은 사만다와 함께 그 과정을 고스란히 감당하고 진심으로 사과를 합니다.

시릴이 범죄에 빠지게 된 것은 동네 불량배 소년 웨스 때문이었습니다. 범죄가 탄로날 것이 두려워 돈을 시릴에게 주고 달아난 웨스는 합의금이 없어서 교도소로 들어가고, 시릴은 사만다의 도움으로 합의에 이르게 됩니다. 사실 시릴은 범죄의 무서움보다 웨스에 대한 신뢰를 더욱 크게 생각했던 것이지요.

많은 아이들이 순간적인 오판으로 실수를 하고 범죄의 길로 접어듭니다. 누구나 그럴 수 있습니다. 하지만 실수를 한 번으로 끝내느냐 아니면 재범에 이르느냐는 청소년과 어른들 모두에게 남겨진 숙제이겠지요.

소년법을
폐지해야 한다고요?

시릴은 사만다의 만류에도 불구하고 불량한 청소년들과 어울립니다. 사만다에게 상해를 입히면서까지 그들과 어울리길 간절히 원합니다. 범죄경력이 있는 형 웨스는 시릴에게 강도상해를 가르칩니다.

시릴과 웨스는 어떻게 처벌될까?

강도는 강제로 폭행 또는 협박으로 다른 사람의 돈을 빼앗은 경우에 성립하는 범죄이고, 강도상해는 강도가 사람을 상해한 경우에 성립하는 범죄입니다. 시릴이 야구방망이로 머리를 내리쳐 기절시키고 기절한 사람의 주머니에서 돈을 훔치면 강도상해죄에 해당하게 됩니다.

웨스는 시릴에게 범죄를 연습시키면서 자신이 시릴의 범죄와 관련이 있다는 것을 타인이 알아서는 안 된다는 것을 강조합니다. 웨스는 돈이 필요하여 범죄를 계획하고 시릴에게 범죄를 가르쳤습니다. 시릴이 강도상해 범행을 하는 동안 조금 떨어진 곳에 차를 주차해 놓고 시릴이 돈을 가지고 오기를 기다렸습니다. 이런 경우 웨스는 어떻게 처벌이 될까요?

강도상해교사로 처벌될 수 있습니다. 교사는 범죄의 의사가 없는 사람으로 하여금 범죄를 하게끔 하는 행위를 말합니다. 시릴은 강도상해를 범할 의사가 없었지만 웨스에 의해서 강도상해를 범하게 됩니다. 이렇게 직접적으로 범행을 한 사람은 강도상해죄로, 그렇게 하도록 한 사람은 강도상해교사죄로 처벌받게 됩니다.

시릴이 돈을 가지고 있던 사람뿐 아니라 범죄 후에 범죄현장을 목격한 피해자의 아들까지 폭행하면서 시릴은 강도상해죄뿐 아니라 폭행죄로도 처벌받을 수 있게 되었습니다.

피해자의 아들이 목격자가 되어서 시릴의 범죄가 쉽게 발각될 수 있는 상황에 놓이자 웨스는 빠져나가기 위해 돈을 포기합니다. 그렇다고 하더라도 달라지는 것은 아무것도 없습니다. 웨스가 돈을 받지 않았더라도 웨스가 시릴에게 강도상해를 교사하였고, 이러한 교사에 따라서 직접 범행을 한 시릴이 이미 돈을 빼앗아 왔기 때문에, 웨스가 강도상해교사죄로 처벌되는 것에는 변함이 없습니다.

소년법 유지에 대하여

소년법은 우범·촉법·범죄소년에게 수강명령, 사회봉사명령, 1년 혹은 2년의 보호관찰, 6개월의 아동보호치료시설 위탁, 1개월 또는 6개월 이내 또는 2년 이내의 소년원 송치 등의 처분을 하는 법입니다.

촉법소년이란 형벌 법령에 저촉되는 행위를 한 10세 이상 14세 미만인 소년을 말하고, 범죄소년은 죄를 범한 14세 이상 19세 미만의 소년을 말하죠. 우범소년이란 집단적으로 몰려다니며 주위 사람들에게 불안감을 조성하거나 정당한 이유 없이 가출하거나 술을 마시고 소란을 피우거나 유해환경에 접하는 것과 같은 행동을 보이는 10세 이상 19세 미만의 소년을 말합니다.

현재 소년법을 폐지해야 한다는 여론이 커서 소년법이 유지되어야 한다는 의견을 피력하면 공격의 대상이 되곤 합니다. 많은 분들이 저에게 소년법을 폐지해야 하는지에 대해서 질문을 하는데, 저의 기본적인 의견은 소년법은 유지되어야 한다는 것입니다.

국민들은 소년법을 온정주의에 기초한 법이라고 생각합니다. 처벌해야 하는 경우에도 어리다는 이유만으로 처벌하지 않고 쉽게 책임을 면해 준다고 생각합니다. 구금한다고 하더라도 최대 구금기간은 2년이어서 충분하지 않다고 합니다.

하지만 소년법이 없다면 10세 이상부터 14세 미만의 소년은 형법을 어긴 자신의 행위에 대해서 전혀 책임을 지지 않아도 됩니다. 단지 그들의 부모나 보호소년이 민사상 책임을 질 뿐입니다. 소년법이 있어 10세 이상부터 14세 미만의 소년을 아동보호치료시설과 소년원 등에 위탁 또는 송치하여 자신의 행위에 책임을 지도록 할 수 있는 것입니다.

소년법에 따라 아동보호치료시설과 소년원 등에 위탁·송치되는 처분은 신체의 자유를 제한하는 것으로, 이는 구금에 해당하는 처벌입니다. 소년법이 있기 때문에 10세 이상부터 14세 미만의 소년은 2년간의 소년원 구금도 가능하고, 심지어 보호관찰기간 중에 준수사항을 위반했을 뿐 재범을 하지 않은 경우에도 또다시 소년원에 구금될 수도 있습니다.

형사미성년자 연령에 대하여

소년법을 폐지하지 않고 형사미성년자의 연령을 한 살 내리자는 의견도 존재합니다. 현행법에 따르면 형사미성년자는 14세 미만으로, 14세 미만의 자가 형법에 어긋나는 범죄를 저지르더라도 형법에 의해서 처벌받지 않습니다. 단지 소년법에 따라서 보호처분을 받을 수 있습니다. 그런데 형사미성년자의 연령을 한 살 내리면 13세에게 보호처분뿐 아니라 형사처벌도 가능해진다는 것입니다.

위와 같은 주장을 하는 사람들의 논거는 강력범죄의 연령이 하향하고 있고, 특히 10세 이상 14세 미만의 촉법소년이 형법에 어긋나는 행위를 하였음에도 형사처벌을 받지 않는다는 점을 악용하여 반성하지 않고 강력범죄를 반복해서 저지르고 있다는 것입니다.

그러나 국가인권위원회는 2018년 12월, 촉법소년의 수는 줄어들고 있고 14세 미만 저연령 소년범죄가 늘고 있다고 보기 어렵다면서, 소년범을 엄벌에 처하는 것이 소년범죄 예방에 효과가 있다고 확신할 수 없다고 하였습니다. 대검찰청의 2007년부터 2016년까지의 10년간 소년범죄 연령별 현황을 보면, 16~18세 소년범 비율은 20% 안팎으로 꾸준히 높으나 14세 미만 소년범은 대략 전체의 1% 수준에 그치고, 최근에는 0.1%까지 낮아졌습니다.

대한민국은 1991년에 아동권리협약을 비준하였습니다. 따라서 아동권리협약은 국내법과 동일한 효력을 갖게 됩니다. UN 아동권리위원회(CRC)는 소년사법에 관한 아동권리 일반논평[4] 24호(2019)에서 이렇게 밝힙니다.

"국제적으로 가장 일반적인 형사책임 최저연령은 14세이다."

"아동 발달과 신경과학 분야의 증거문헌은 12세에서 13세 아동들의 전두피질이 여전히 발달하고 있다는 사실을 근거로 해당 연령대의 아동들의 성숙도와 추상적 추론 능력이 여전히 발달 중임을 지적하고 있으므로 해당 연령대의 아동들은 자신들의 행동이 미치는 영향이나 형사소송절차를 이해할 가능성이 낮고 청소년기는 급속한 두뇌 발달이 특징인 인간 발달의 독특한 단계로 위험을 감수하고 특정 종류의 의사결정을 하고 충동을 조절할 수 있는 능력에 영향을 주어 위원회는 당사국들에게 최저연령을 최소한 14세까지 증가시키도록 권장한다. 위원회는 15세 또는 16세와 같이 최저연령이 높은 당사국을 높게 평가하고 어떠한 경우에도 형사책임의 최저연령을 낮추

---

[4]   일반논평(General Comments)이란 UN 아동권리위원회 등 유엔의 조약기구가 해당 조약의 조항에 대한 포괄적 해석이나 당사국 정부가 보고서를 제출할 때 포함되어야 할 사항에 대한 지침 등을 공표한 문서를 말한다. UN 아동권리위원회는 2001년 '교육의 목적(The Aims of Education)'을 시작으로 2019년 9월 현재 총 24개의 일반논평을 채택하였다.

지 말 것을 촉구한다."

대한민국 형법이 적용되는 나이 14세는 아동권리협약을 비준한 국가 중 가장 많은 수인 40개국이 채택하고 있는 것으로, 대한민국은 국내법과 동일한 효력이 있는 아동권리협약을 준수하여 형사책임 최저연령을 하향하지 말라는 UN 아동권리위원회의 일반논평을 따라야 할 것입니다.

소년법 폐지 여론

왜 여론은 소년법 폐지를 옹호하는 것일까요? 폐지를 주장하는 사람들의 기본적인 생각은 청소년의 성장발달이 예전과 달리 빠르고 청소년의 범죄가 흉폭화되어 그들이 청소년이라는 이유만으로 선처를 받아서는 안 된다는 것입니다. 온정주의를 바탕으로 한 가벼운 처벌이 부당하며, 청소년도 성인과 같은 정도의 처벌을 받을 만큼 충분히 성숙했다는 주장이지요.

여러분은 어떻게 생각하시나요? 지금의 청소년이 신체적으로 빠르게 성장하고 있으니 그들에게 교육적 기회를 부여하지 않고 성인과 같이 처벌해도 될 만큼, 1990년대 혹은 2000년대 초반의 청소년과 다른 존재인 것인가요? 청소년을 성인과 같이 형법에 따라 처벌하고 성인과 같이 교도소에 수용하여야 한 다고 생각하시나요?

UN 아동권리위원회의 일반논평 24호(2019)는 다음과 같이 명시하면서 소년법의 존재이유를 확인해 주고 있습니다.

"아동은 신체적, 정신적 발달에 있어 성인과 다르다. 그러한 차이가 아동의 제한적인 책임을 인식하고 차별화, 개별화된 접근방식으로 별도의 제도를 구축하는 데에 기초가 된다. 형 사사법제도를 경험하는 것은 아동에게 부정적인 영향을 미친 다는 점이 확인되어 왔고 책임 있는 어른으로 성장할 수 있는 기회를 제한한다."

2006년부터 2015년까지의 소년범죄자의 연령은 16세와 17세 소년범의 수치가 지속적으로 높게 나타나고, 2013년부 터는 18세 소년범의 비율이 점차 증가하고 있어, 저연령화 현 상은 보이지 않습니다. 초범, 재범, 3범의 비율은 큰 변화가 없 으나 4범 이상의 재범률은 지속적으로 증가하여, 초범의 비율 은 줄고 4범 이상의 비율은 늘어나는 현상이 나타나고 있습니 다. 이러한 통계가 말하는 바는 무엇일까요? 청소년 범죄가 흉 폭화되고 있다는 것을 뜻하는 것일까요? 오히려 보호소년이 재범을 하지 않도록 하는 제도가 제대로 운영되지 않고 있다는 것을 뜻하지 않을까요?

소년범죄 예방의 현실: 환경 조정의 필요성

〈소년보호처분의 구조적 문제점과 개선방향〉[5]이라는 논문에서는 그 이유를 세 가지로 분석하고 있습니다. 가정의 기능이 깨어졌고, 학업이 중단되었으며, 경제적 어려움 때문이라는 것입니다.

제가 7년간 소년원 등에서 만난 보호소년들은 절실하게 변하고 싶어 했습니다. 변하기 위해서 소년원에서 많은 준비를 했습니다. 심지어는 자신의 주거지에 돌아가지 않고 타지에서 외로운 생활을 하겠다고 선택한 소년도 있었습니다. 주거지로 돌아가면 예전의 잘못을 반복하지 않을까 하는 걱정에서 선택한 극약처방이었습니다.

하지만 소년원을 나온 보호소년의 현실은 녹록지 않습니다. 그들은 변했지만 상황은 변한 것이 하나도 없어서 여전히 의지할 사람이 없는 상황에서 홀로 외로이 싸워야 하는 현실에 놓인 채, 몇 달을 방황하다가 무력함을 느끼고 같은 일을 반복

---

5   이승현(한국형사정책연구원 연구위원, 법학박사), 2017. 12.

하게 됩니다. 보호소년을 가까이에서 지켜보는 사람들은 이구동성으로 말합니다. 소년원을 퇴원한 후의 현실이 변하지 않는데 어떻게 그들이 재범하지 않겠느냐고 말입니다.

소년법은 소년의 '환경 조정'과 '품행 교정'을 위한 보호처분 등의 필요한 조치를 하여 소년이 건전하게 성장하도록 돕는 것을 목적으로 합니다. 소년이 건전하게 성장하기 위해서는 환경 조정이 필요하다는 것을 인정하고 있습니다. 하지만 현실에서 환경 조정은 잘 이루어지지 않고 있습니다.

소년법은 보호소년을 사법체계 안에서 교육하여 그들의 품행을 교정하려고 합니다. 형사사법에 따라서 신체의 자유를 제한받는 처분을 받을 수 있는 보호소년은 사법기관을 두려워합니다. 이러한 두려움으로 인하여 품행 교정이 가능하고 재범을 방지할 수 있다는 것입니다.

이에 대해서도 동의하지 않지만, 사법이 소년의 품행 교정을 할 수 있는지는 논외로 하더라도 환경을 조정하는 것은 사법이 할 수 있는 영역이 아닙니다. 복지가 해결해야 하는 것입니다. 그리하여 보호소년에게 실제로 더 중요한 것은 사법적인 절차 후에 연계되는 복지입니다. 보호소년이 범죄를 저질렀던 상황에서 벗어나도록 환경을 변화시켜 주어야 하기 때문입니다. 그런데 대한민국의 현실은 보호소년의 환경은 그대로 둔 채 법무부가 성인범과 같이 보호관찰로 소년을 꾸준히 감시하고 있습니다.

보호받지 못하고 감시받는 아이들

현재 아동보호치료시설의 위탁이 종료되거나 소년원을 임시퇴원한 보호소년은 '보호관찰 등에 관한 법률'(약칭 : 보호관찰법) 제29조에 따라서 법무부 준법지원센터에서 보호관찰을 받습니다. 보호소년은 법무부 공무원이 정해 준 날짜와 시간에 준법지원센터를 방문하여 자신의 근황을 낱낱이 말해야 합니다. 보호소년은 자신을 보호한다고 느끼기보다는 계속 감시받고 있다고 생각합니다.

보호관찰법 제32조는 보호관찰 대상자의 준수사항을 정하고 있는데, 보호관찰 대상자는 보호관찰관의 지도 감독에 따르고 방문하면 응대하여야 합니다. 이를 위반하는 경우, 즉 보호관찰관이 정해 준 날짜와 시간에 준법지원센터를 방문하지 않은 경우 보호관찰법 제38조에 따라 보호관찰소의 장은 형의 집행 등 불리한 처분을 받을 수 있음을 경고할 수 있고, 그러한 경고를 한 후 제37조에 따라서 보호소년을 소환하여 조사를 할 수 있습니다. 보호소년이 소환에도 불구하고 준법지원센터를 방문하지 않으면 제39조에 따라서 구인을 할 수도 있습니다. 구인이라는 것은 체포하여 소년분류심사원에 수용시켜 신체의 자유를 제한할 수 있다는 것입니다.

그뿐 아니라 준수사항을 위반한 경우, 제49조에 따라서 보호관찰소의 장은 법원의 보호처분의 변경을 신청하여, 재범을 범하지 않았음에도 단순히 준수사항을 지키지 않았다는 것으로 다시금 소년재판을 받게 하여 더 중한 처분을 받게 할 수도 있습니다. 소년분류심사원에서 소년재판을 기다리고 있는 보호소년 중의 상당수가 단순 준수사항 위반입니다.

청소년들은 부모님이 아침에 깨워 주지 않으면 정해진 시간에 학교에 가는 것도 어려워하는 경우가 많이 있지요. 보호소년의 경우 대부분 가정이 기능을 하지 못하고 학업이 중단되어서 보호관찰관의 간단한 지시인 정해진 날짜와 시간에 준법지원센터를 방문하는 것이 생각만큼 쉽지 않습니다. 아무도 깨워 주지 않고, 낮 시간에는 학교에 가는 등의 정해진 일정이 없습니다. 미성년자여서 아르바이트도 구하기 어렵지요. 그런 보호소년에게 보호관찰관이 정해 준 날짜와 시간에 맞춰서 준법지원센터를 가지 못한 경우 경고장을 보내고, 소환을 합니다. 몇 차례의 소환에 나가지 못한다면 그다음에는 구인되어서 소년분류심사원에 수용되고 보호처분변경[6] 신청이나 임시퇴원취소[7]로 소년재판을 받거나 보호관찰심사위원회의 결정에 따라서 소년원 등에 위탁 또는 수용될 수 있습니다.

보호소년이 재범을 하지 않았음에도, 단순 준수사항 위반도 보호관찰법 위반으로 법을 어긴 것이기 때문에 보호처분변경 신청으로 소년재판을 다시 받게 하고, 더 강한 처벌을 받게 하는 것이 여러분은 납득이 되시나요? 보호관찰관의 지시사항 위반으로 소년재판을 받아 소년원에서 구금과 같은 생활을 한다는 것이 이해가 되시나요?

부모님의 보호를 받지 못하고 규칙을 지키지 못하는 게으른 보호소년은 보호관찰이라는 덫에 걸려서 범죄행위를 하지 않고도 오랫동안 소년원 생활을 반복하게 됩니다. 어떤 경우에

---

6   법원이 직권이나 위탁받은 자 등의 신청에 따라서 소년에게 내려진 보호처분을 변경하는 것.

7   소년법상 9호 처분은 6개월 이내의 소년원 처분, 10호 처분은 2년 이내의 소년원 처분으로 소년원장은 교정성적이 양호한 자 중 보호관찰의 필요성이 있다고 인정되는 보호소년에 대하여 보호관찰법에 따라 보호관찰심사위원회에 임시퇴원을 신청하여야 하는데, 보호관찰심사위원회는 보호관찰기간 중 보호관찰법상 준수사항을 위반하고 위반 정도가 무거워 보호관찰을 계속하기가 적절하지 아니하다고 판단되는 경우 보호관찰소의 장의 신청을 받거나 직권으로 임시퇴원취소를 심사하여 결정할 수 있다. 임시퇴원취소가 결정되면 9호 처분의 경우 6개월에서, 10호 처분의 경우는 2년에서 임시퇴원 당시까지 소년원에서 생활한 기간을 뺀 나머지 기간을 소년원에서 생활하게 된다.

는 소년원에 더 이상 수용될 수 없는 22세가 되기 전까지 수용
되는 경우도 있습니다.

우범소년: 성인은 처벌받지 않으나 소년은 처벌받는 현실

우범소년에 대해서 들어 보신 적이 있나요? 위에서 잠깐 살
펴보았는데요. 형법에 위반된 행위를 하지 않았으나 집단적으
로 몰려다니며 주위 사람들에게 불안감을 조성하는 경우, 정당
한 이유 없이 가출하는 경우, 술을 마시고 소란을 피우거나 유
해환경에 접한 경우에 우범소년으로 소년재판에서 보호처분
을 받을 수 있습니다. 범죄행위를 하지 않았음에도 구금될 수
있다는 것입니다.

UN 아동권리위원회는 수차례에 걸쳐 우범 규정을 삭제할
것을 대한민국에 권고하였습니다. 일반논평은 성인이 저지르
면 범죄가 아닌 행위를 아동의 경우에 범죄로 보는 규정을 없
앨 것을 촉구하고 있습니다.

언론이 몇몇의 사건을 부각시켜서 청소년을 괴물화하고 있
지만 실제로 대부분의 청소년은 경미한 행위로 소년재판을 받
고 보호관찰까지 받아서, 부모님이 잘 보살펴 주지 않는 경우

소년재판의 굴레에서 벗어나지 못하게 됩니다. 소년법이 진정 온정주의에만 기초한 법인가요? 가정의 보호를 받지 못하는 보호소년에게 너무 가혹하다는 생각이 들지 않나요?

소년법은 보호소년이 유전무죄, 무전유죄를 극명하게 느낄 수 있도록 하는 법입니다. 소년에게 내려지는 처분은 소년이 한 행위만을 근거로 하는 것이 아니라 소년이 처한 환경까지 고려하기 때문입니다. 보호할 보호자가 없는 경우 국가가 보호한다는 국친사상에 기초하고 있는데요. 하지만 이러한 이념은 결국 보호자가 충분한 자력이 있고 보호할 의지가 있는 경우에는 보호소년이 자신의 행위에 덜 책임져도 되고, 보호자에게 자력이 없고 보호의지도 없는 경우에는 아주 경미한 범죄로도, 심지어는 범죄를 저지르지 않은 경우에도 우범으로 보호소년이 시설에 수용되는 결과를 초래합니다.

낙인 금지

시릴이 웨스와의 시간에 온전히 집중해 있을 때 이를 반대하는 사만다를 시릴은 공격했습니다. 시릴이 범죄를 저지른 후 사만다에게 돌아와서 자신을 다시 받아 달라고 했을 때 사만다는 아무것도 묻지 않고 시릴을 받아들입니다. 우리는 어떻습니까? 아마도 대부분의 경우에는 훈계를 아주 오랫동안 한 후에 다시는 그러지 않겠다는 눈물 어린 다짐을 받아야지만 용서를 할 것입니다.

용서를 한 후에도 끊임없이 의심합니다. 한번 문제를 일으킨 사람은 결국 다시 문제를 일으킬 것이라는 버리기 어려운 믿음을 갖고 있기 때문입니다. 이런 시선이 보호소년을 재범으로 이끌고 있지는 않을까요? 이러한 낙인이 보호소년을 재범으로 몰아넣고 있지는 않을까요?

소년법 제32조 제6항은 "보호처분은 그 소년의 장래 신상에 어떠한 영향도 미치지 아니한다"라고 정하고 있지만, 현실에서는 그렇지 않습니다. 일반인들은 소년원과 교도소를 구분하지 못하고, 그들을 범죄자로 취급하며 낙인을 찍고 있습니다. 소년법이 위와 같이 규정하는 이유는 보호소년의 변화 가능성이 크기 때문일 것입니다. 위 규정의 함의를 깊이 이해하고 보호소년의 변화하려는 의지를 의심하지 않으며 보호소년이 사회에 제대로 정착할 수 있는 터전을 마련하는 방안을 심도 있게 고심해야 할 것입니다. 소년법을 폐지하거나 형사책임 연령을 한 살 내리는 것이 지금의 상황을 개선할 방안이 아님은 너무나 명확합니다.

나의 권리를 지켜줘

HUMAN RIGHTS

이 세상에
존재할 권리

가버나움
Capernaum, 2018

영혼은 오직 희망에 의해서만 존재한다.
희망은 우리의 영혼을 만드는 옷감이리라.
　　　　　　　　　　　　　　　　　-G. 마르셀

　제주도에 500여 명의 예멘인이 도착하자 우리나라는 한바
탕 난리가 났습니다. 당장 나라가 어떻게 되기라도 할 듯 여론
은 들끓었고, 제주를 찾은 난민들에 대한 거부감으로 시끌벅적
했는데요. 그 500여 명 가운데 난민으로 인정된 사람은 딱 2명
이었다고 하네요.

　또 학교 친구들의 국민청원에 힘입어 난민 인정을 받은 이
란 출신 소년 김민혁(16) 군의 아버지가 3년 만의 난민 재심사

에서 난민 지위를 인정받지 못하고, 임시체류를 허용하는 '인도적 체류' 결정이 내려졌다는 기사도 있었습니다. 아들과 함께 한국에 정착하고 싶다는 소망은 또 미루어지게 되었습니다. '인도적 체류자'는 취업활동은 허가에 의해 가능하지만 사회가 구성원에게 제공하는 갖가지 혜택을 받지 못합니다.

김군 부자를 돕고 있는 학교 선생님은, "21세기 대한민국에서 난민 인권이 심각하게 유린되고 있다는 것에 우려를 표한다"며 눈시울을 붉혔다고 하는데요. 난민 문제는 멀리서 보면 인도주의적으로, 그러나 가까이서 보면 거부감으로 와닿는 게 사실입니다. 그러나 우리가 그들의 입장이라면 어떨까요? 내가 혹은 내 가족이 난민이라면요?

가버나움을 찾아서

한 소년이 부모님을 고소하고 싶다고 하는 포스터 문구 때문에 이 영화는 순식간에 사람들의 시선을 끌었는지도 모릅니다. 2018년 레바논에서 날아온 영상편지는 제71회 칸영화제를 달구고, 우리나라에도 빠른 속도로 도착했습니다. 레바논 베이루트를 배경으로 하여 난민 가족이 살아가는 현실을 보여 준 이 작품은 연민을 넘어선 아픔과 고민을 우리에게 안겨 주었는데요.

현재 레바논에는 150만 명의 시리아 난민과 50만 명의 팔레스타인 난민이 있습니다. 제주에 500여 명의 난민이 들어와도 나라가 들썩이는데, 정말 대단한 숫자이지요. 2019년 4월 기준 2초마다 한 명의 난민이 생겨나고 있다고 합니다. 그렇게 따져 보면 하루 총 난민 발생 수는 4만 4,500명으로 추산됩니다. 시리아와 아프가니스탄, 남수단과 미얀마, 그리고 소말리아에서 전 세계의 난민 중 55% 정도가 발생한다고 하는데요. 이 영화의 주인공 자인이 탈출한 시리아에서는 2017년 기준으로 630만 명 이상의 난민이 생겼다고 합니다. 시리아는 민주화를 요구하는 정치적인 이유와 외부 국가들의 대리전 양상 때문에 더욱 혼란스럽다고 하지요.

레바논이라는 나라에 대해서 조금 알아볼까요? 레바논은 《예언자》(1923)의 작가인 칼릴 지브란의 조국이기도 합니다. 1975년부터 1995년까지 레바논은 엄청난 내전을 겪었습니다. 바로 기독교(39%)와 이슬람교(59.7%)로 나뉜 종교갈등이 원인입니다. 기독교 민병대와 팔레스타인 게릴라들의 투쟁을 바탕으로 한 드니 빌뇌브의 영화 〈그을린 사랑〉(2010)은 당시를 잘 이해하게 해주는 작품인데요. 이때의 내전으로 전 국토가 황폐

화되고, 내전은 끝이 났지만 여전히 레바논 베이루트는 혼돈의 도시로 남게 됩니다.

이 영화 속의 배경인 가버나움(Capernaum)은 이스라엘 갈릴리 호수 북쪽 끝에 있었던 마을입니다. 갖가지 기적이 행해졌지만 회개하지 않자 예수님이 몰락의 길을 걸을 것이라고 예언하셨다지요. 6세기부터 몰락의 길을 가다가 7세기 페르시아의 공격을 받아서 아예 흔적도 없이 사라졌는데요. 그 도시를 영화 제목으로 정했습니다. 난민과 내전 등으로 혼란스러운 레바논에 다시 한번 기적이 일어나기를 바라는 기도가 들어가 있지 않나 하는 생각이 듭니다.

주인공 자인 역의 자인 알 라피아는 실제로 시리아 난민 출신으로, 정확한 나이를 모른 채 시장에서 배달 일을 하다가 캐스팅이 되었습니다. 그래서 영화 속의 일들이 연기가 아니라 실제의 삶과도 상당히 닮아 있는 셈이지요. 여동생 사하르 역의 하이타 아이잠 역시 베이루트에서 껌을 팔다가 캐스팅되었다고 합니다. 자인과 요르다노스 시프로우(라힐 역)는 칸영화제 시상식 일주일 전까지 신분증이 없었다고 하고, 요르다노스는 촬영 중에도 불법체류자로 체포되었다고 하니, 레바논 베이루트의 현실이 영화와 별반 다를 바가 없다는 것을 더욱 이해하게 됩니다. 등장인물들을 비전문 배우로 캐스팅하면서 영화는 다큐와 극영화의 사이를 오가게 됩니다. 우리에게는 너무 비현실적인 그들의 삶은 어떻게 살아지는 것일까요?

부모님을 고소하고 싶어요

6명의 아이를 둔 자인의 부모는 아이들의 출생신고를 하지 않습니다. 그들은 존재하지만 존재하지 않는 아이들인 셈이지요. 자인의 엄마는 아기의 발을 쇠사슬로 묶어 놓고 일을 합니다. 약을 갈아서 물에 푼 다음, 그 물에 옷을 적십니다. 풀 먹인 옷이 아니라 약 먹인 옷이 되는 셈인데요. 그 옷을 교도소의 재소자들에게 팔아서 생계를 유지하는 것이지요. 그리고 자인과 사하르는 엄마를 돕는 한편, 길에서 음료수를 팔아서 돈을 벌기도 하는데요. 이렇듯 최소한의 기본적인 환경과 애정이나 인권을 생각할 수 없는 부모 밑에서 자인은 여동생 사하르를 유독 아낍니다.

그러다가 사하르가 소녀에서 숙녀가 되는 초경을 하자 자인은 그것을 숨기려고 안간힘을 씁니다. 왜냐하면 이웃에서 슈퍼를 운영하는 늙은 남자가 호시탐탐 사하르를 노리고 있기 때문이지요. 사하르를 데리고 탈출하려던 자인의 시도는 결국 실패로 끝나고 동생은 이웃집 남자에게로 시집을 갑니다.

사하르는 이제 겨우 열한 살입니다. 자인의 부모는 닭 몇 마리에 사하르를 이웃의 늙은 남자에게 시집을 보내 버리고, 너무 어린 탓에 사하르는 임신을 하자 심한 하혈을 하게 됩니다. 병원으로 갔지만 출생신고 기록이 없어 진료를 받지 못하지요. 난민 신분인 데다 먹고살기 바빠 부모님은 아이들의 출생신고까지 신경 쓸 여력이 없었던 것일까요? 자인이 세상에서 가장 아끼는 동생 사하르는 법적으로 존재하지 않아, 병원 앞에서 진료도 받지 못한 채 그만 사망하고 맙니다.

사하르의 결혼을 막지 못한 자인은 집을 나가 우연히 만난 라힐(요르다노스 시프로우)과 그녀의 아기 요나스(보루와티프 트레저 반콜)와 함께 살고 있었습니다. 그러던 중 라힐이 불법체류자로 잡혀가게 되지요. 본의 아니게 요나스의 보호자가 된 자인은 놀라운 인내와 사랑으로 요나스를 보살핍니다. 마치 자신이 받지 못한 사랑을 요나스에게 모두 베풀어 주려는 듯이 말이지요.

하지만 결국 요나스를 입양 거래꾼에게 보낸 뒤, 자인은 길에서 만난 꽃 파는 소녀 메이소운(파라 하스노)의 얘기를 듣고 스웨덴으로 가기로 결심합니다. 스웨덴에서는 아이들이 병에 걸리지 않으면 죽지 않는다고 했기 때문입니다. 그러나 자신의 출생서류를 찾으러 간 자인은 누이동생의 사망소식을 듣고 분노를 참지 못해 이웃집 남자에게 복수를 하고 구치소에 갇히고 맙니다.

이런 생각이 들기도 했습니다. 감독은 왜 자인에게 칼을 들려 줬을까, 하고 말이지요. 좀 더 날카롭지 않게 현실을 타개할 방법은 없었을까? 하지만 자인과 그들이 살아가는 현실을 우리가 짐작하기는 어려워 보입니다.

자인이 갇혀 있는 구치소로 엄마가 찾아와서 말합니다. "신은 하나를 데리고 가면 하나를 준단다"라고 말이지요. 그리고 사하르가 죽은 대신에 또 다른 아이를 임신했다고 하며 자인을 위로하려고 합니다. 자인은 처절하게 외칩니다.

"엄마의 말이 심장을 찌르네요!"

자인에게 사하르는 이 세상에 단 한 명뿐이거든요.

엄마는 자신처럼 살면 누구나 그럴 것이라고 항변합니다. 자기는 최선을 다하여 아이들을 굶기지 않으려고 노력했다는 것이지요. 가난한 난민 부모로서 엄마가 할 수 있는 일은 그것이 전부일 수도 있습니다. 하지만 자인의 생각은 달랐습니다. 그래서 법정에서 절규합니다. 자녀 양육에 무책임한 부모님이 더 이상 아이를 낳지 않게 해달라고 말이지요. 인간으로서 최소한의 인권을 보장받을 권리를 외치고 있는 것입니다.

자인이 원하는 것

"존중받고 사랑받고 싶었어요."

자인이 바라는 것은 단지 그것뿐이었습니다.

레바논은 부유하지도 않은 국가인데 시리아 난민이 전 인구의 5분의 1을 차지하고 있습니다. 이렇게 혼란스러운 곳이 비단 레바논만은 아닙니다. 지난 2015년, 한 장의 사진이 전 세계인을 슬프게 만들었습니다. 그것은 터키의 휴양지 보드룸 해변에서 세 살배기 시리아 꼬마 알란 쿠르디가 얼굴을 모래에 묻은 채 싸늘한 시신으로 발견되었기 때문입니다.

알려진 바에 의하면 쿠르디의 가족은 IS의 탄압을 피해 터키로 갔다고 합니다. 그리고 다시 일말의 희망을 품고 그리스로 가기 위해 작은 보트에 모든 식구들의 생명을 의지한 채 거대한 바다를 건넜습니다. 그러던 중 격랑을 만나 아이는 가족을 잃고 홀로 떠밀려 와 외로운 죽음을 맞이한 것입니다. 아직 엄마 품 안에 있어야 할 어린 아기가 바닷가 모래에 얼굴을 묻은 채 싸늘히 죽어 간 그 사진은 전 세계에 충격을 안겨 주었습니다.

그 일을 계기로 난민에 대한 관심과 동정은 밀려들었으나 난민의 숫자는 더욱 늘어났고, 현실은 전혀 나아지지 않았지요. 우리나라만 하더라도 제주에 나타난 난민 500여 명을 보고 언론과 일반 대중이 보인 거부감과 우려는 난민들의 현주소를 보여 주는 것 같았습니다.

"나는 영화의 힘을 믿는다. 영화가 상황을 바꾸지는 못하더라도 최소한 이야기를 시작하거나 대중들이 생각하게끔 도울 수 있다고 확신한다."

이 말은 영화 속에서 변호사로 출연했던 나딘 라바키 감독이 한 말입니다. 자인과 요르다노스는 칸영화제 일주일 전까지 그들을 설명할 아무런 서류가 없었는데, 영화제를 앞두고 그들에게 '문서'가 생겼습니다. 그들이 이 세상에 존재한다는 증명서이지요. 출생을 하면 누구나 가지게 되는 우리나라의 주민등록번호가 난민들에게는 이토록 절박하고 중요한 것임을 새삼 깨닫게 됩니다.

영화가 세상에 알려지자 '가버나움 재단'이 생겨서 더 많은 자인과 요나스 또는 라힐과 같은 이들에게 도움의 손길을 주고 있습니다. 한국판 영화 상영에서만 자인과 배우들의 뒷이야기를 들려주었는데요. 한편으로는 안도의 한숨을 쉬지만 또 한편으로는 '그리고 앞으로는…?'이라는 생각을 하지 않을 수가 없네요.

사상 최대의 난민 사태에 유럽연합도 각 나라들도 우왕좌왕하고 있으며, 우리의 난민 정책도 이 작품을 계기로 다시 돌아보게 됩니다. 무엇보다 제2의 쿠르디나 자인이 나오지 않도록 세계 각 나라들이 저마다 처한 현실에서 방안을 찾아야 할 텐데 말이지요.

2013년에 출간된 《내 이름은 욤비》는 콩고민주공화국에서 박해를 피해 한국으로 와 난민 신청을 했던 욤비 토나의 이야기를 다루고 있습니다. 2002년 한국에 와서 난민 인정을 받고 가족을 만나기까지 무려 6년이라는 시간이 걸렸는데요. 언어도 통하지 않고 난민에게 적대적인 한국 사회에서 욤비가 겪었을 상황이 눈에 선합니다.

앞서 말했던 예멘 난민 500명 중 2명만이 난민 지위를 인정받았다고 하는데요. 우리 나라는 여전히 난민에 대해 상당히 인색한 편입니다. 다른 나라들은 어떨까요? 1995년 룩셈부르크의 셍겐에서 발효된 '셍겐협정'은 유럽 내에서 국경을 검문

없이 자유롭게 다닐 수 있도록 하자는 것입니다. 상당수 유럽 연합국이 이 협정에 동의하고 있지만 지금은 밀려드는 난민 사태에 모두가 우왕좌왕하고 있다고 합니다.

시리아 내전 발발 후 난민 수는 사상 최대치를 기록하고 있는데, 각국의 난민 정책은 보트 피플처럼 표류하고 있습니다. 난민, 우리와는 상관없는 먼 나라의 이야기이기만 할까요?

청소년을 위한 영화 속 인권 이야기

영화 속 법 이야기

출생신고는
어떤 의미를 갖나요?

　사람의 인생은 출생으로 시작되고 사망으로 마무리가 됩니다. 대한민국 국민의 경우 출생하면 출생신고를 하고 사망하면 사망신고를 함으로써 서류상으로 그 존재에 대한 기록을 하게 됩니다.

　사람의 존재 여부는 어떻게 증명이 되는 것일까요? 사람이 현재 생존해 있다면 그 존재 자체로 존재가 증명되는 것일까요? 서류상 그 사람의 존재가 표시되지 않는다면 어떤 일이 발생하는 것일까요?

　영화에서 자인의 동생 사하르는 생리를 시작하자마자 성인과 조혼을 하게 되고 그로 인해 응급실을 가야 했습니다. 성인 남성이 어린 소녀를 배우자로 맞이하여 그 성장상태를 고려하지 않고 성적으로 성인과 같은 배우자로서의 책임을 요구하여 생명이 위급한 상태에 빠지게 되었습니다. 그 상황에서 결국 사하르를 죽음으로 내몬 것은 출생등록이 되지 않아 서류상 존재가 증명되지 않는다는 이유로 인한 치료거부였습니다.

대한민국의 경우 돈이 없어 치료거부를 당해 사망했다는 기사를 접한 경우는 있었지만, 출생등록이 되어 있지 않아 치료를 받아야 하는 사람의 존재 자체가 증명이 되지 않아서 치료를 거부당한다는 것은 일반적인 상황은 아닙니다. 하지만 앞으로 대한민국에서도 충분히 일어날 수 있는 문제입니다.

출생신고의 중요성

대한민국에서 아동이 태어나면 가장 먼저 해야 하는 일이 출생등록입니다. '가족관계의 등록 등에 관한 법률'(약칭: 가족관계등록법)에 따라서 자녀가 태어나면 아버지 또는 어머니는 태어난 날로부터 1개월 이내에 출생지 관할 구청, 읍사무소, 면사무소, 또는 동주민센터에 출생신고를 해야 합니다(출생신고를 기간 내에 하지 않으면 5만 원 이하의 과태료 부과).

출생신고를 하면 가족관계등록부가 작성됩니다. 출생신고를 하여 가족관계등록부가 작성됨으로써, 그 사람이 대한민국에 태어났다는 것을 서류상으로 알리게 되는 것입니다. 대한민국에서 출생에 관한 사실을 확인할 수 있는 증명서는 기본증명

청소년을 위한 영화 속 인권 이야기

서입니다. 기본증명서에는 가족관계등록부에 기재된 내용에 따라서 출생에 대한 정보가 기재됩니다.

출생신고 의무자는 아버지 또는 어머니인데, 신고의무자가 신고를 할 수 없는 경우에 동거하는 친족이나 분만에 관여한 의사 등이 순차적으로 신고의무를 부담하게 됩니다. 위 신고 의무자가 기간 내에 신고를 하지 않아 자녀의 복리가 위태롭게 될 우려가 있는 경우에는 검사 또는 지방자치단체의 장이 출생 신고를 할 수 있다는 규정이 신설(2016. 5. 29.)되었지만, 아동 학대로 아동보호전문기관 등이 조사를 하는 과정에서 출생등 록을 하지 않은 것이 발견된 경우를 제외하면 위 규정에 따라 서 출생등록이 되는 경우는 거의 없습니다.

출생신고를 하지 않으면 그 아동은 실제 존재하지만 서류 상 존재하지 않게 되는데요, 서류상 존재하지 않는 아동은 교 육권, 건강권 등 권리보장을 제대로 받을 수 없습니다. 출생 신고가 되지 않아 신분증명이 안 되는 경우에도 다행히 임의 로 번호를 부여하여 병원에서 치료를 받을 수 있습니다. 하지 만 수술의 경우에는 부모의 동의가 필요하여 보호자와의 관계 가 증명되지 않는 경우 수술을 받을 수 없게 됩니다. 또 학교에 다니더라도 학교를 다닌 사실을 증명할 수 없지요. 그러면 학교를 다닌 것이 증명되어야 다음 단계의 교육이나 훈련을 받을 수 있는 경우에는 불이익을 받게 될 수 있습니다.

또한 초등학교에 입학해야 하는 나이에 입학하지 않은 아동이 있다면 아동학대가 의심되기 때문에 자동으로 추적하여 방문하는 제도가 있는데요, 출생신고가 안 되어 있으면 그러한 절차를 통해 아동학대를 발견하는 것조차 불가능해집니다.

출생신고를 하지 않는 경우

어떤 경우에 아동의 출생신고를 하지 않는 걸까요? 또 어떤 경우에 아동의 출생신고를 할 수 없는 것일까요?

아동의 출생신고를 하지 않는 대표적인 예로 미혼모가 직접 아동을 키울 수 없어 입양을 보내려는 경우를 들 수 있습니다. 이때 출생한 아동에 대해서 출생신고의 의무를 가진 사람은 어머니입니다("혼인 외 출생자의 신고는 모가 하여야 한다."―가족관계등록법 제46조 제2항). 출생신고를 하면 아동은 어머니의 가족관계등록부에 '자'로 기재됩니다.

미혼부의 경우에는 출생신고를 하려면 아동을 출산한 어머니의 이름, 주소 등을 알아야 했지만, 2015년 가족관계등록법이 개정되어 제57조 제2항("모의 성명·등록기준지 및 주민등록번호를 알 수 없는 경우에는 부의 등록기준지 또는 주소지를 관할하는 가정법원의 확인을 받아 제1항에 따른 신고를 할 수 있다."—가족관계등록법 제57조 제2항)이 신설되었습니다.

의학기술의 발달로 출생한 아동의 어머니를 알 수 없는 경우에도 부자관계를 확정할 수 있는 방법이 있고, 출생신고의 중요성을 간과할 수 없기 때문에 아버지 혼자 간소한 방법으로 출생신고를 할 수 있는 길을 열어 준 것입니다.

"출생신고가 되지 않은 아이들은 필수적인 예방접종을 받지 못하고 건강보험 혜택을 받지 못해 질병 또는 상해로 치료가 필요한 때에도 적절한 의료조치를 받기 어려울 뿐만 아니라 아동수당 등의 복지혜택도 받지 못하며, 취학연령에 이르러도 학교에 다닐 수 없게 된다. 출생기록이 없다 보니 유기, 불법입양, 인신매매 등의 범죄에 노출될 위험도 있다. 이러한 아이들은 세상에는 존재하지만, 서류상으로는 존재하지 않음으로써 법의 보호의 사각지대에 있을 수밖에 없다."

"의학기술의 발달로 출생한 아동의 모를 알 수 없는 경우에도 부자관계를 확정할 수 있는 방법이 있으므로 생부가 간소한 방법으로 단독으로 인지를 할 수 있게 하려는 데 이 사건 조항의 취지가 있다." [대법원 2020. 6. 8., 자, 2020스575 결정]

가족관계등록법에 따라서 미혼모는 출생신고 의무를 부담합니다. 그런데 일부 미혼모는 자신의 가족관계등록부에 출생한 아동이 기재되는 것을 꺼려 출생신고를 하지 않고 아동을 유기하는 경우가 있습니다.

베이비박스에 대해서는 여전히 논란이 있습니다. 베이비박스를 운영하는 단체는 양육이 어려운 부모로부터 버림받은 아기들을 안전하게 구조하기 위한 것이라고 주장하지만, 이는 형법 제272조에 의해 처벌되는 영아유기를 방조하는 행위입니다. 어떤 이유에서도 정당화될 수 없는 행위이죠. 그런데 국가는 이를 금지하지 않고 방치하고 있습니다. 이곳에 영아를 유기한 사람을 처벌하기도 하지만, 그럼에도 불구하고 베이비박스 운영을 금지하는 조치는 전혀 취하지 않고 있습니다.

미혼모는 아동유기를 통해 출생신고를 하지 않고 입양을 보낼 수 있을 것이라는 유혹을 받습니다. 그러나 아동의 출생신고 증빙서류가 있어야 가정법원은 아동의 입양을 허가합니다(입양특례법 제11조 제1항).

가족관계등록법이 반드시 출생등록을 하도록 하는 것은 아동에게 실제와 일치하는 출생등록의 의미가 너무나 크기 때문입니다. 출생등록을 하지 않은 채로 아동을 유기하여 부모가 없는 자로 등록되거나, 다른 부모의 자녀로 등록되면 어떻게 될까요? 그 아동은 자신의 혈육을 알 기회를 완전히 박탈당하게 됩니다.

게다가 현재의 법률은 이들이 어렵게 부모를 찾는다 해도 부모의 이름, 주소 등의 인적사항을 알기 위해서는 친생부모가 동의해야 한다고 정하고 있습니다(입양특례법 제36조 제2항). 아동이 어렵게 친생부모의 존재사실을 알게 된 경우에도 친생부모의 권리를 보호하기 위해서 이와 같은 규정을 두고 있는 것입니다.

아동에게 자신의 실제 혈육을 알 권리는 자신의 정체성을 찾는 것으로 한 인간에게 너무나 중요한 권리입니다. 지금껏 우리가 얼마나 아동의 권리를 소홀히 다뤄 왔는지에 대해 돌아봐야 할 것입니다.

출생신고를 할 수 없는 경우

출생등록을 하고 싶어도 할 수 없는 대표적인 예는 이주민, 난민의 자녀의 경우입니다.

미국은 출생지주의, 즉 속지주의를 취하고 있어서 미국에서 태어나기만 하면 미국 국적이 부여되지만, 대한민국은 속인

주의를 취하고 있어서 대한민국에서 태어난 것만으로는 대한민국의 국적을 취득할 수 없습니다. 원칙적으로 아동의 출생 당시 부모 중 한 명이 대한민국 국민이어야 합니다. 그 외에는 출생 시 부모가 분명하지 않거나 부모의 국적이 없는 경우, 또 대한민국에서 기아(棄兒)로 발견된 경우에 대한민국 국적을 취득할 수 있습니다(국적법 제2조).

아동이 출생할 당시에 부모가 모두 대한민국의 국민이 아니고 외국인으로, 대한민국에서 태어난 이주민·난민의 아동은 대한민국의 국적을 취득하지 못하고 부모가 가진 국적을 취득하게 됩니다. 부모가 모두 무국적자인 경우 그들의 자녀가 대한민국에서 출생하였다면 대한민국의 국적을 취득할 수 있지만, 무국적자임을 인정받기란 쉽지 않습니다. 그래서 대한민국 국적을 취득하기 위해서는 '대한민국에서 발견된 기아'로 신고해야 하는 것이 아니냐는 말까지 합니다.

가족관계등록법은 국민의 출생 등 가족관계의 발생 및 변동사항에 관한 등록과 그 증명에 관한 사항을 규정하는 것으로, 외국인은 기본적으로 대상이 아닙니다. 가족으로 기록할 사람이 외국인인 경우에는 성명, 성별, 출생연월일, 국적 및 외국인등록번호를 기록하도록 하고 있지만 이는 대한민국 국민이 혼인이나 입양 등을 통해서 외국인과 새로운 가족관계를 형성했을 때 그 사항을 기록하는 것입니다.

외국인 부모 사이에서 대한민국에 출생한 자녀는 부모의 국적국의 법에 따라 출생등록을 해야 합니다. 국적국의 재외공관에서 출생신고를 하거나, 재외공관이 그러한 업무를 하지 않을 경우에는 본국에서 직접 출생신고를 할 수밖에 없습니다. 부모의 본국 법이 해외에서 출생한 자국민 자녀의 출생등록절차를 마련하지 않고 있거나, 부모가 국적국의 재외공관에서 행정절차를 밟기 어려운 경우에는 자녀의 출생등록을 할 방법이 없습니다. 출신국의 보호를 받을 수 없는 난민은 출신국에 자녀의 출생을 신고할 수 없습니다.

보편적 출생등록제도의 필요성

외국인 부모가 자신의 본국에 자녀의 출생을 신고하기 어려운 경우, 대한민국에 출생신고 서류를 제출하여 자녀의 출생 사실을 알립니다. 그러나 부모에게 가족관계등록부가 없기 때문에, 부모의 가족관계등록부에 자녀의 출생 사실이 기재될 수 없습니다(관련 규정대로 특종신고서류편철장에 편철하여 보관할 뿐입니다). 신고는 하였으나 등록은 되지 않기에 대한민국 국민

또는 지역에 거주하는 주민으로 인정되지 못합니다.

불법체류 외국인의 경우는 강제퇴거가 두려워 자녀의 출생신고를 하러 관할 시청이나 구청을 방문하기도 어렵습니다. 담당공무원은 강제퇴거 대상임을 알게 되면 지체 없이 법무부에 통보하도록 되어 있기 때문입니다.

외국인의 출생신고는 출생한 아동에게 아무런 권리도 부여하지 못합니다. 그러나 아동의 존재 자체를 대한민국에 알리기 위해서 외국인 부모들은 대한민국의 출생등록의 한계에도 위와 같은 제도를 활용하고 있습니다. 그만큼 출생등록이 갖는 의미가 크기 때문입니다.

결론적으로 본국에서 출생신고를 하지 못한 아동은 대한민국에서 출생하여 위와 같은 출생신고를 하더라도 대한민국에 출생 사실을 알리는 의미밖에 가지지 못하고 출생등록은 할 수 없어, 대한민국에서 생존하고 생활하고 있으나 서류상 존재하는 사람일 수 없습니다.

UN 아동권리협약 제7조 제1항은 "아동은 출생 후 즉시 등록되어야 하며, 출생 시부터 성명권과 국적 취득권을 가지며, 가능한 한 자신의 부모를 알고 부모에 의하여 양육받을 권리를 가진다"라고 규정하고 있습니다. 대한민국은 위 협약을 비준한 국가입니다. 위 협약은 대한민국 내에서 법률과 같은 효력을 가집니다. 그러나 우리는 여전히 대한민국에서 태어난 모든 아동이 출생신고를 하고 공적인 출생증명서를 발급받는 '보편적 출생등록제도'를 갖추고 있지 못합니다. UN 아동권리위원회 등은 수차례 대한민국에 보편적 출생등록제도를 보장하라는 권고를 했습니다.

아동이 태어난 후 출생신고되어 공적 출생증명서를 발급받을 수 있게 되는 것이 어떤 의미인지 충분히 이해가 되셨나요? 아동이 실제 살아서 존재하고 있더라도 자신의 존재를 공적인 증명서로 증명할 수 있어야 현재 살고 있는 그 공간에서 실존하는 존재로서 가장 기본적이고 핵심적인 교육권, 건강권 등을 완전히 보장받을 수 있습니다. 자신이 거주하고 생활하는 공간에서 반드시 보장되어야 하는 기본권을 완전히 보장받지 못한다면, 생존권 자체를 보장받을 수 없습니다.

HUMAN RIGHTS

동물보호법

동행하실래요?

아름다운 비행
Fly Away Home, 1996

동물이 고통을 느낀다는 것이
그들의 권익을 보호해야 하는 가장 근본적인 이유다.
－제레미 벤담

우리 아파트에 오리 5형제가 살았던 적이 있습니다. 누군가 이사를 가면서 새끼 오리 한 쌍을 진흙 속에 버리고 갔는데, 쥐인 줄 알았는데 알고 보니 오리였다고 하네요. 경비 아저씨께서 단지 내 연못에 집어넣어 놓으셨죠. 살아나면 잡아서 오리고기로 드실 생각으로요.

그런데 그만 단지 내 주민들이 그 오리 한 쌍에 넋이 빠져서 아침저녁으로 이 아이들을 거둬 먹였습니다. 초등학교를 마친 아이들은 집에서 멸치며 먹다 남은 고기를 들고 오기도 하고, 어른들은 사료와 갖가지 맛난 것들을 오리에게 먹였습니다. 졸지에 작은 연못은 오리를 보려는 주민들로 인해 늘 사람들이 와글와글했고, 그것은 도심 한가운데서 보기 드문 풍경이었습니다.

그러다가 오리 식구들이 늘어 갔고, 그 와중에 서로 영역다툼을 하며 싸우다가 다친 오리가 나왔습니다. 그때 주민들이 나서서 서로 오리들을 병원에 데려가고 보살폈는데, 그 오리들의 세상을 관찰하면서 새삼 생명의 경이로움을 느꼈지요.

5마리의 오리가 살아가는 이야기는 인간 세상의 그것과 너무도 닮아 있었습니다. 오리지만 말도 잘 알아듣고 서로 질투하고 사랑하는 모습을 보면서 새삼 그들에게도 감정과 따뜻한 피가 흐른다는 것을 알게 된 것이지요. 한 소녀가 거위들과 쌓은 우정과 비행을 다룬 이 작품도 그런 면에서 충분히 이해가 되었습니다.

어느 날 우리는 만났다

에이미(안나 파킨)와 그녀의 품에서 부화한 16마리의 거위는 어쩌면 비슷한 입장이었는지도 모릅니다. 여행 중에 교통사고로 엄마를 잃은 에이미는 10여 년 만에 캐나다에서 아빠(제프 다니엘스)와 살게 되지만, 그동안 헤어져 있었던 시간이 너무 길었던 탓인지 거리를 좁히지 못한 채 방황합니다. 낯선 곳에서 엄마도 친구도 없는 에이미는 학교생활에도 적응하지 못하고 혼자서 두려움과 외로움을 느끼고 있습니다.

그러던 어느 날, 개발업자들의 포크레인이 에이미의 집 주변과 늪지대를 파괴하기 시작합니다. 환경보호론자인 아빠의 힘으로도 어쩔 수 없는 거대한 포크레인은 야생 거위의 서식지까지 파괴하게 되지요. 속이 훤히 드러난 늪지대를 걷던 에이미에게 어미 털의 깃이 뽀송하게 남아 있는 야생의 알들이 한가득 눈에 들어옵니다. 거위알 16개가 미처 부화하기도 전에 늪지대에 방치된 것이지요. 소중하게 품에 안고 헛간으로 돌아온 에이미는 알들을 서랍에 넣어 둡니다. 그리고 전구를 꺼내어 온도와 빛까지 조절해 주지요. 알들이 무사히 깨어날 수 있을까요?

어느 날, 서랍을 연 에이미의 눈이 경이로움으로 가득 찹니다. 그 안에서 하나둘 거위들이 스스로 알을 깨고 눈을 뜬 것이지요. 아직 젖은 몸과 눈으로 에이미를 바라보는 거위들. 이제 아이는 거위들의 엄마가 되었습니다. 야생 거위는 부화할 때

처음 본 대상을 어미로 알고 따르는 습성이 있다고 하는데요. 그래서인지 에이미와 야생 거위들의 빛나는 성장이 시작됩니다.

16마리의 거위들이 에이미를 졸졸 따라다니는 모습이 정말 좋았습니다. 엄마를 잃은 에이미와 역시 엄마가 없는 거위들의 행진을 보면서 사람과 동물의 교감은 인간과 인간의 교감과 다를 바 없다는 생각이 들었습니다. 거위들은 어미새인 에이미만을 졸졸 따라다니는데요. 이렇게 에이미는 작고 소중한 16마리 새끼 거위들의 엄마가 되었습니다.

하지만 야생 거위를 집에서 키우는 것은 불법이고, 아빠는 어차피 추운 겨울이 오기 전에 철새인 거위들이 남쪽으로 가야 한다는 것을 알기에 날기를 가르치려고 시도합니다. 하지만 에이미를 따르는 거위들에게 아빠의 비행기는 커다란 물건으로밖에 보이지 않지요.

2005년에 개봉하여 1억 2천만 달러라는 흥행수익을 올렸던 다큐멘터리 〈펭귄―위대한 모험〉은 새끼를 키우는 황제펭귄의 경이롭고 위대한 모습을 잘 담아내 호평을 받았습니다. 엄청난 눈바람을 맞으며 아기들을 보호하는 엄마와 아빠 펭귄을 보면서 동물도 인간과 똑같은 부모의 사랑이 있고, 자식을 생각하는 마음도 같다는 것을 알 수 있었지요.

에이미는 부모님의 이혼과 교통사고로 돌아가신 엄마 때문에 마음에 큰 상처를 입었습니다. 그러나 그 아픔과 외로운 마음을 야생 거위를 키우는 사랑으로 모두 극복할 수 있었지요. 거위들의 엄마가 되어 주면서, 부모가 자식을 사랑하는 마음을 알게 되고, 또 생명의 신비로움을 깨닫게 된 것입니다.

아이들이 재미로 동물을 괴롭히는 경우가 있는데요. 이런 일들이 위험한 것은 생명을 우습게 여기는 아이들이 자라서 생명경시사상에 물들 가능성이 높기 때문이지요. 거위들이 에이미를 엄마로 알고 졸졸 따르는 모습을 보면서 동물과 인간이 어떤 관계를 맺고 살아야 할지를 다시 한번 생각하게 됩니다. 인간은 위대하고 동물은 과연 '애완용'으로만 우리 곁에 남아 있어야 할까요?

날개야, 날아라

2019년 9월 뉴욕에서 있었던 UN 기후행동 정상회의에서 가장 시선을 끈 발언자가 있었습니다. 바로 스웨덴의 10대 환경운동가 그레타 툰베리인데요. 툰베리는 비행기로 5시간이면 갈 수 있는 거리를 요트로 2주나 걸려서 뉴욕에 도착했다고 합니다. 온실가스를 배출하는 비행기를 타지 않겠다는 의지의 표현이었지요. 툰베리는 연설에서 "생태계 전체가 무너지고, 대규모 멸종의 시작을 앞두고 있는데, 당신은 돈과 영원한 경제성장이라는 꾸며낸 이야기만 늘어놓는다"며 세계 정상들에게 거친 비판을 토합니다.

영화 속의 에이미와 닮지 않았나요? 에이미도 플로리다에 있는 철새 서식지의 개발공사 착수가 발표되자 서둘러 비행을 준비합니다. 에이미와 16마리 야생 거위의 비행은 세상 사람들에게 환경문제를 생각하게 만드는 계기가 되지요.

거위들이 에이미를 엄마로 알고 있기 때문에 아빠는 에이미에게 어울리는 경비행기를 만들어 주고 비행 연습을 시킵니다. 예술가이자 환경운동가인 아빠의 생명과 환경을 소중하게 여기는 태도는 에이미와 거위 모두에게 날개를 달아 주게 됩니다. 엄마를 잃은 에이미는 야생 거위들을 돌봄으로써 상처를 회복하고, 아빠와의 사이에도 깊은 믿음과 사랑이 자리하게 됩니다. 에이미가 야생 거위들의 날개를 찾아 주고자 했다면, 아빠는 에이미의 꺾인 날개를 다시 힘차게 펄럭이게 해주고 싶었겠지요.

아빠가 아이를 존중하고 사랑하는 방식은 우리들에게 많은 것을 시사해 주고 있습니다. 에이미가 야생 거위들을 날게 하기 위하여 직접 경비행기를 몰고 하늘을 비행하는 모습을 보여주었듯, 아빠의 삶도 에이미에게 많은 영향을 끼치리라는 것을 짐작하기 어렵지 않습니다. 걸음마를 시작한 거위들이 하늘을 날기까지는, 실패하면서도 끊임없이 연습하고 노력했던 과정들이 쌓여 위대한 비상이 이루어진 것이지요. 마찬가지로 아기가 태어나서 어린이가 되고 청소년기를 지나가는 동안 많은 방황과 고민을 하지만, 이 모든 것은 비상하기 위한 준비라고 할 수 있습니다.

1970년 미국에서 발표된 리처드 바크의 책 《갈매기의 꿈》은 청소년 여러분에게 꼭 권하는 책이랍니다. 비행에 대한 꿈과 신념을 실현하고자 끊임없이 허공을 날아올랐던 갈매기 조나단 리빙스턴의 일생을 통하여 '날다'라는 것의 의미를 다시금 되새겨 볼 수 있으니까요. "가장 높이 나는 새가 가장 멀리 본다"라는 문장은, 에이미의 아빠도 우리도 대개 어른이 되면 알 수 있는 것이지요. 그래서 아이들에게 더 높이 더 멀리 날 수 있도록 끊임없이 격려하고 용기를 주려는 것이랍니다.

이제 위대한 비행이 시작되었습니다. 에이미와 거위들은 하루하루 실습을 하며 열심히 비행을 연습 중이었는데, 비행은 예상처럼 간단한 일이 아니었습니다. 비행 연습 중에 다친 거위 이고르는 에이미의 비행기를 타고서 이동을 해야만 했고, 중간에 비행기가 고장이 나기도 했습니다. 연료 부족으로 나이아가라 공군기지에 착륙하여 군부대를 발칵 엎어 놓기도 하고, 대도시 볼티모어의 마천루 사이를 비행하는 아슬아슬한 장면도 연출됩니다.

어느샌가 거위들과 에이미는 뉴스의 스타가 되었고, 이제 이들의 이동을 많은 사람들이 지켜보게 되었지요. 그 덕분에 철새들의 중요성이 인식되어 서식지 개발이 취소되고, 거위들은 새로운 서식지에서 겨울을 날 수 있게 되었답니다. 환경파괴를 에이미와 거위들이 행동으로 막아 낸 셈이지요.

그리고 봄이 되자 16마리의 거위들은 기적처럼 자신들의 엄마인 에이미가 있는 농장으로 스스로 찾아옵니다. 마치 집을 떠난 아이들이 엄마 품을 찾아오듯이 말이지요.

인간과 동물 사이

프랑스의 철학자이자 수학자·물리학자인 데카르트는 이런 말을 했습니다.

"동물은 고통을 느끼지 않는다. 고통받는 것처럼 보이지만,

사실은 고통을 느끼지 않는다. 왜냐하면 동물에게는 의식이 없기 때문이다! 동물은 마치 매우 정교한 시계와 같다."

여러분도 데카르트의 말에 동의하나요? 그에 반해 레오나르도 다 빈치는 이렇게 말했답니다.

"오늘날 우리가 살인을 생각하는 것처럼 동물의 살생을 생각하는 날이 반드시 올 것이다."

누구의 말에 좀 더 공감이 가나요? 인간에게 인권이 있듯이 동물에게도 동물권[8]이 있습니다. 동물을 사람과 똑같이 대우하자는 것이 아니라, 사람뿐 아니라 동물의 권리도 고려해야 한다는 것이지요. 동물들에게도 배려와 평등의 원칙이 적용되어야 하고, 그들의 기본권을 우리가 기억해야 한다는 말입니다.

그럼 지금부터 고기를 먹지 않아야 하나요? 그렇다고 모두가 채식주의자가 되자는 것은 아닙니다. 다만 사육과 도살을 해야 할 때 고통을 덜어 주고, 동물실험을 최소화하는 것 등 그

---

8   동물권이란 모든 동물이 생명체로서 고유한 가치를 가지고 살아가는 권리의 주체이며, 그들에게 이런 권리의 주체성이 인정되는 한 그들의 권리 또한 당연히 존중받아야 한다는 사상이다. (2020. 2. 22. 프레시안 〈동물법, 변호사가 알려드립니다〉 https://m.pressian.com/m/pages/articles/279486#0DKW)

들의 생존환경을 기본적으로 고려해 줘야 한다는 것을 생각해 볼 수 있지요.

동물에게 고통을 가해서는 안 된다는 윤리적 배경을 정립한 것은 제레미 벤담을 중심으로 한 공리주의자들이었다고 합니다. 동물이 고통을 느끼는 것은 그들이 권익을 보호받아야 할 가장 근본적인 이유라는 것이지요. 동물에게도 마음이 있습니다. 이 영화에서 보았듯이 16마리 거위는 모두 제각각의 개성이 있고 생각이 있으며 무엇보다 사랑을 느낄 줄 압니다.

에이미가 늪에 방치된 야생 거위 알을 발견했을 때, 무시하고 지나갔거나 알들을 깨뜨렸거나 했다면 에이미는 이렇게 소중한 경험을 하지 못했겠지요. 아빠와의 거리가 지금처럼 가까워지지도 않았을 것이고, 거위들과의 소중한 추억이나 생명의 경이로움을 깨닫지도 못했을 것입니다. 거위들을 돌본 것은 에이미지만, 그 거위들로 인하여 한층 더 성숙해지고 마음이 열린 것도 에이미입니다. 그러니 거위들과 에이미는 서로 동반성장을 한 셈입니다.

누군가를 사랑하고 책임지는 일만큼 아름다운 나눔은 없습니다. 부모님이 여러분을 키우며 느끼는 기쁨과 행복은 그 사랑을 받는 여러분보다 더욱 크고 깊답니다. 그런 소중한 감정을 에이미는 야생 거위들을 돌보며 느낀 것이지요.

　이 책을 읽는 여러분 가운데서도 반려동물을 좋아하는 친구들이 있겠지요? 나중에 커서 동물과 관련된 일을 하고 싶은 친구들도 많을 것 같습니다. 여기서 잠깐, 요즘 새로 등장한 반려동물 관련 직업에는 어떤 것들이 있는지 알아볼까요?

　동물과 교감해서 동물의 말을 사람에게 전달해 주는 애니멀 커뮤니케이터가 대표적인 직업입니다. 이옥수 작가의 《개 같은 날은 없다》를 읽어 보면 이 직업에 대해서 자세히 알 수 있는데요. 동물과도 대화를 나눌 수 있다는 점이 정말 신선하게 다가온답니다.

　그리고 삶의 마지막 단계에서 죽음을 준비하는 동물들을 최대한 편안하게 보살피는 '애니멀 호스피스'와 '반려동물 장례 관리사'와 같은 직업도 있습니다. 반려견의 훈련을 담당하는 '핸들러'라는 직업도 있고요. 요즘 각광받는 '베이비시터'를 닮은 '펫시터'와, '반려동물 미용사', '반려동물 관리사', '반려동물 행동교정전문가' 등 정말 다양한 직업들이 생겨나고 있답니다. 1인 가구가 늘어남에 따라 앞으로 반려동물의 숫자도, 가족들도 더욱 늘어나겠지요? 더욱 창의적인 직업들이 생길 것이라고 기대해 봅니다.

이 영화를 통하여 환경보호 역시 동물권 못지않게 중요하다는 생각을 하게 됩니다. 철새들이 살 수 있도록 서식지를 보호해 주는 일의 중요성과, 영화 속 거위들을 보면서 '생명존중'이라는 책임감을 느끼게 되네요.

환경보호와 동물권,
이렇게 생각해요

지구의 허파 아마존 열대우림이 걷잡을 수 없이 파괴되고 있습니다. 아마존에 매년 수만 건씩 끊임없이 화재가 발생하여 불길이 잡히지 않고 있습니다.

열대우림의 특징은 방대한 지역이 나무로 덮여 있고 건기가 없다는 것입니다. 빽빽하게 나무가 자라는 숲에서는 일 년 열두 달이 우기입니다. 열대의 숲은 생존에 필요한 비를 스스로 생산합니다. 비가 내려 흙이 젖으면 나무뿌리는 물을 흡수하고, 잎은 '증산작용'(식물체 내의 물이 잎의 기공을 통해 수증기 형태로 빠져나가는 현상)을 통해서 공기 중으로 수분을 방출합니다. 이 수분이 구름으로 모여서 다시 비로 내립니다.

전문가들에 따르면 20~25%의 열대우림이 손실되면 긴 가뭄과 고온현상이 나타날 것이라고 합니다. 열대우림은 비만 만드는 것이 아니라 비를 만드는 과정에서 기온을 조절해 온화한 기후를 만들어 줍니다. 그런데 나무가 줄면 증산작용이 적어지고 그로 인해 비가 덜 오게 되어 숲을 식혀 주는 능력이 줄어드는 것입니다.

아마존 화재에 대한 의혹

아마존에 발생하는 많은 화재들이 자연 발생하는 것이 아니라 목축지를 마련하기 위해 일부러 삼림을 태우고 방치하고 있다는 의혹이 있습니다. 국제 환경단체 그린피스가 2019년 발생한 아마존 열대우림 화재의 원인이 대형 패스트푸드 업체에 소고기를 공급하기 위한 무리한 목초지 개발행위 때문이라는 의혹을 제기했습니다. 보우소나루 브라질 대통령이 취임한 후 아마존 지역의 화재발생 건수가 111% 증가했다고 하면서, 기업들이 브라질산 소고기를 구매하지 않는다면 보우소나루 정부도 더 이상 아마존 개발을 밀어붙이지 못할 것이라고 호소했습니다.[9]

---

9   2019. 8. 21. BBC News 〈아마존 화재: 브라질 우림지대 급속도로 파괴되고 있다〉
     https://www.bbc.com/korean/international-49417271
     2019. 9. 6. 뉴스펭귄 〈그린피스, "아마존 화재는 소고기 때문"〉 http://www.news
     penguin.com/news/articleView.html?idxno=723
     그린피스 https://www.greenpeace.org/korea/update/9315/blog-forest-amazon-
     forest-fire/

조사에서 밝혀졌듯 브라질 정부가 목축지를 늘려 소를 키우기 위해 화재를 방치하고 있는 것이라면, 이는 전 세계 인류를 위해서 당장 중지되어야 할 일입니다. 세계에서 가장 큰 열대우림지대인 아마존은 지구온난화를 늦춰 줄 버팀목으로, 전 세계가 힘을 합쳐 지켜야 합니다. 하지만 브라질 정부의 정책은 환경보다는 개발을 중시하고 있는 듯 보여 안타깝습니다.

개발 vs 환경보호

현재의 선진국들은 지금의 브라질과 같이 환경보다는 개발에 더 초점을 맞추어 부를 축적했습니다. 그로 인해 부유해졌지만 환경이 파괴되었고 아주 심각한 지구온난화 문제가 발생하게 되었지요. 현재는 선진국이 앞장서서 환경의 중요성을 말하고 있지만, 후진국은 다른 입장입니다. 환경을 보전하기보다는 예전의 선진국이 그러했듯이, 그들이 걸어온 길을 따라서 개발을 선택하고 있습니다. 그런데 선진국은 이러한 정책을 비난하면서 환경보전을 강조하고 있지요. 환경문제를 더 이상 개별 국가의 문제로만 볼 수 없기 때문입니다.

영화에서도 개발을 찬성하는 농부는 자신의 자식들을 대학에 보내기 위해서 개발이 필요하다고 말합니다. 개발을 반대하는 사람들은 개발을 하면 야생동물이 살 수 없고, 야생동물이 살 수 없다면 인간 또한 영향을 받을 수밖에 없다고 말합니다. 대한민국도 급속한 산업발전으로 개발도상국의 위치에서 벗어나 이제 선진국 대열에 합류하고 있습니다. 발전의 과정에서 환경보전보다는 개발을 선택하여 그로 인해 여러 가지 문제에 직면하고 있습니다.

꼬리치레도롱뇽이 제기한 소송

2003년 경상남도 양산시 천성산에 사는 도롱뇽이 경부고속철도 공사 중지 가처분 소송을 냈습니다. 천성산에 대규모 서식지를 이루고 사는, 1급수 환경지표종인 꼬리치레도롱뇽이 고속철도 공사를 위해 사람들이 산에 터널을 뚫으면서 살 곳을 잃을 위험에 빠져 소송을 제기했지만, 2006년 대법원은 "자연물인 도롱뇽 또는 그를 포함한 자연 그 자체로서는 이 사건을 수행할 당사자능력을 인정할 수 없다"[대법원 2006. 6. 2., 자, 2004마1148, 결정]며 소를 각하했습니다.

경부고속철도 공사로 인해서 피해를 입는 당사자는 도롱뇽이었기에 피해자인 도롱뇽을 원고로 하여 소를 제기한 것인데요, 대법원은 자연인과 법인 등에게만 당사자능력을 인정하고 있습니다. 따라서 소송요건인 당사자능력을 갖추지 못하였으니 소를 각하한 것입니다. 개발로 인해 피해를 입는 직접 당사자는 야생동물임에도 그들에게는 당사자능력이 인정되지 않아 이렇듯 소송을 통한 구제는 불가능한 현실입니다.

동물 소유주 책임 강화의 필요성

대도시에서도 동물을 쉽게 볼 수 있습니다. 가장 흔히 보는 동물은 반려견과 길고양이들입니다. 반려동물 문화가 짧은 시간 안에 급속도로 퍼지면서 반려동물을 키우는 사람들이 갖추어야 할 덕목에 대해서는 교육받지 못한 채 반려동물을 소유하고 함께 사는 사람들이 늘었습니다. 그러다 보니 주변의 사람들과의 충돌이 비일비재하게 발생하고 있습니다.

"우리 개는 안 물어요"로 대변되는, 이기적이며 무대책인 사람들로 인해 충돌은 점점 커져 가고 있지요. 개가 사람을 무는 사고도 점차 늘어 가고 있고, 이러한 경우에 그 개를 안락사시켜야 하는지에 대해서도 의견이 분분합니다. 길고양이에게 밥을 주는 사람들과 길고양이를 쫓으려 하는 사람들 간의 대립의 골도 상상 이상으로 깊습니다.

2006년 판결이 확인하였듯이 동물은 소송의 당사자가 될 수 없습니다. 그래서 물림 사고의 경우에도 피해를 입은 사람이나 동물은 결국 피해를 준 동물이 아니라 동물을 소유한 사람을 고소하거나 그를 상대로 소송을 제기할 수밖에 없습니다. 동물은 이성적으로 자유의지에 따라 행동할 수 없기에 동물의 행위로 발생한 피해에 대한 책임은 동물을 관리할 책임이 있는 소유주의 책임으로 볼 수밖에 없습니다. 동물이 인간을 물어서 사망하게 하는 사건이 발생하고 있는 현실에서는 동물의 소유자에게 경각심을 주기 위해서라도 동물의 행위로 인한 소유주의 책임을 강하게 물을 필요가 있습니다.

동물보호법

동물보호법(1991. 5. 31. 제정)은 동물을 학대하는 행위를 방지하기 위해서 제정된 법으로서, 동물이 본래의 습성과 신체의 원형을 유지하면서 정상적으로 살 수 있도록 할 것과 동물이 갈증 및 굶주림을 겪거나 영양이 결핍되지 아니하도록 할 것, 동물이 정상적인 행동을 표현할 수 있고 불편함을 겪지 아니하도록 할 것, 동물이 고통·상해 및 질병으로부터 자유롭도록 할 것, 동물이 공포와 스트레스를 받지 아니하도록 할 것을 동물보호의 기본원칙으로 하고 있습니다. 그러면서 고통을 느끼는 신경체계가 발달한 척추동물에게 정당한 사유 없이 불필요하거나 피할 수 있는 신체적 고통과 스트레스를 주는 행위 등을 학대로 정하고 있습니다.

2019년에 서울 마포구 경의선 숲길에서 고양이를 살해한 40대가 1, 2심에서 징역 6개월의 실형을 선고받았고, 서울 마포구 주택가에서 강아지를 발로 걷어차는 등 잔혹하게 살해한 20대가 1심과 2심 모두 징역 8월을 선고받았습니다.[10]

꼬리치레도롱뇽은 척추동물에 해당하고 그들의 서식지를 파괴하는 행위는 그들의 본래의 습성을 유지하면서 정상적으로 살 수 없도록 하는 동물보호의 기본원칙에 반하는 행위입니다. 고속철도 공사라는 인간의 편의를 위한 개발행위가 꼬리치레도롱뇽에게 고통과 스트레스를 주는 행위일 텐데, 개발행위는 정당한 사유로 인정될 수 있을까요?

2008년 정밀조사에서는 천성산 화엄늪에서 꼬리치레도롱뇽 유생 한 마리가 관찰되었으나, 5년 후인 2013년 정밀조사에서는 발견되지 않았습니다. 만약 개발로 인하여 사라진 것이라

---

10   2020. 2. 13. 중앙일보 〈경의선숲길 고양이 잔혹 살해男…항소심서도 징역 6개월〉 https://news.joins.com/article/23705406

2020. 4. 20. MBC뉴스〈동물학대 '관용'은 없다…토순이 살해 2심도 "징역"〉 https://imnews.imbc.com/replay/2020/nwdesk/article/5739063_32524.html

면 개발행위를 꼬리치레도롱뇽을 살해한 행위로 보아 동물학
대로 볼 수는 없을까요?

환경소송을 계속해야 하는 이유

2018년 9월 3일, 대한민국 헌법재판소 창립 30주년을 기념
하는 국제회의에 참석하기 위해 대한민국을 방문한 로랑 파비
위스 프랑스 헌법위원회 위원장은 이렇게 말했습니다. "자연
을 사람이 맘껏 사용할 수 있는 대상이 아니라 인간처럼 인식
해야 한다", "법관들도 환경과 관련된 소송을 다룰 때 이 점을
유념해야 한다"고 말이지요.

재판은 법을 근거로 권리나 의무를 확정해 주기 때문에, 소
송을 제기하여 권리나 의무를 확인받습니다. 그리고 판결은 그
이후에 유사한 사안들에서 판단의 근거로 사용됩니다. 환경소
송은 쉽지 않습니다. 그러나 패소를 감수하고 계속 소송을 제
기하여 환경권이 얼마나 중요한지를 끊임없이 다투어야 합니
다. 그로 인해 새로운 판결이 탄생하고, 그 판결이 환경권에 대
한 인식을 바꿀 수 있습니다. 새로운 판결을 탄생시키지 못한
다고 하더라도 환경권에 대해서 여론을 환기시키고 국민들이
환경권에 대해 생각할 기회를 가질 수 있겠지요.

도롱뇽을 원고로 소송을 제기한다는 것은 2006년 당시에 너무나 무모한 일이었습니다. 지금이라고 해도 역시 무모한 소송일지도 모릅니다. 하지만 우리가 포기하지 않고 환경권을 지키기 위해 계속하여 기발한 소송을 제기한다면, 언젠가는 도롱뇽이 승소하는 날이 올 수도 있을 것입니다. 그렇게 된다면 우리의 삶도 조금 더 나아질지 모릅니다.

내 삶의 주인은 나

청원
Guzaarish, 2010

인간은 보편적 죽음 속에서,

그 보편성과는 사소한 관련도 없이 혼자서 죽는 것이다.

모든 죽음은 끝끝내 개별적이다.

-김훈, 〈화장〉 중에서

누구나 상상조차 하기 싫은 일이지만, 만일 식물인간 상태에 놓인다면 자신의 삶에 대해서 어떤 주장을 하게 될까요? 1975년 미국에서 카렌 앤 퀸란이라는 여성이 코마 상태에 빠지자 부모는 딸이 존엄하게 죽음을 맞이할 수 있도록 해달라며 소극적 안락사를 청원합니다. 미국 대법원은 부모의 손을 들어주었습니다.

솔제니친의 소설 《이반 데니소비치의 하루》라는 책을 읽을 때 어떤 청소년이 이런 말을 하더군요. "이렇게 강제 노동수용소에서 인간 이하의 생활을 하면서도 삶을 영위한다는 건 너무 비참한 일"이라고 말입니다. 하지만 그보다 더욱 어려운 일은 식물인간 상태에서 회복할 가능성이 없는 가족을 지켜보는 일과, 아무것도 모른 채 누워 있는 환자 자신이겠지요.

오늘날 안락사 문제는 우리 곁에 더욱 가까이 다가와 있습니다. 2013년, 벨기에에 살며 청각장애를 앓고 있던 쌍둥이 형제가 시각마저 잃게 되자 안락사를 선택하여 충격을 주기도 했는데요. 생명의 존귀함과 죽을 권리 가운데서 우리는 어느 쪽의 의견에 더 귀를 기울여야 할지 생각해 볼 수 있는 영화가 바로 〈청원〉입니다.

인간답게 살 권리

영화 속의 주인공 이튼(리틱 로샨)은 인도 서해안의 휴양지 '고아'에 있는 우아한 대저택에 살고 있습니다. 주변의 풍광이 너무도 아름다워 마치 한 폭의 그림과 같습니다. 하지만 그 아름다운 풍광도, 좋은 집도 그에겐 아무 소용이 없지요. 그는 온몸을 움직이지 못하는 전신마비 장애인이기 때문입니다.

사실 그는 유명한 마술사였습니다. 하지만 14년 전에 마술을 하던 도중 그를 질투한 친구의 계략에 빠져 그만 추락하고 전신을 쓰지 못하는 장애를 얻은 것입니다.

이튼은 더 이상 마술을 할 수는 없지만 라디오 방송으로 청취자들을 만나고 있습니다. 한때 인도에서 최고로 잘나가던 마술사가 장애를 딛고 밝은 목소리로 라디오를 통하여 소식을 전하자 많은 사람들이 그에게서 희망과 용기를 얻게 됩니다. 장애는 이튼의 것이므로 청취자들과는 무관한 일이며, 코끝에 앉은 파리 한 마리도 쫓지 못하는 것은 오롯이 그만의 비애일 뿐이었습니다.

마이크 앞에서 쾌활한 척 긍정적인 척하지만, 그는 누군가의 도움 없이는 스스로 용변을 볼 수도 없고, 이마에 떨어지는 빗방울을 피할 방법도 없습니다. 혼자서는 아무것도 할 수 없는 현실 앞에서 이튼은 좌절합니다. 하지만 더욱 가혹한 것은 많은 청취자들이 그가 여전히 밝고 씩씩하게 방송해 주기를 바란다는 것이지요. 다수 대중의 희망과 용기를 위해 이튼이 원하지 않는 방송을 계속 해야만 하는 것일까요?

그의 곁에는 지난 12년간을 한결같이 간호해 준 매력적인 간호사 소피아(아이쉬와라 라이)가 있습니다. 아름다운 그녀에게 외려 짐이 되었다는 생각도 했겠지요. 드디어 그는 변호사

청소년을 위한 영화 속 인권 이야기

친구를 불러 한 가지 부탁을 하게 됩니다. 그것은 스스로 삶의 존엄성을 지키고 싶다는, 안락사 청원이었습니다. 타인에게 희망이 되기 위해서 더 이상 원치 않는 자신의 삶을 살 수 없다는 결론에 도달한 것입니다. 누구의 도움도 없이 그는 안락사에 성공할 수 있을까요?

잭 케보키언은 미국의 의사이자 병리학자입니다. 그는 인턴 시절에 암으로 고통받는 중년의 여성을 보면서 처음으로 안락사에 관심을 갖게 되었습니다. 한때는 의료계를 떠나기도 했지만 말년에는 안락사를 연구하여 1990년부터 1999년까지 약 130여 명을 안락사시켰다고 합니다. 그래서 그는 '죽음의 의사' 또는 '희대의 살인마'라는 악명을 갖게 되었는데, 이로 인해 안락사에 대한 뜨거운 논쟁이 시작되었습니다.

그는 1999년 살인죄로 기소되어 25년형을 받았지만, 더 이상 안락사를 돕지 않는다는 조건으로 2007년에 석방되었습니다. 그의 이야기를 다룬 영화가 바로 〈유 돈 노우 잭(You don't know Jack)〉(2010, 미국)입니다.

즉 이튼이 원한다고 해도 안락사를 도와줄 사람은 없다는 것입니다. 영화 속에서 인도 법원 역시 안락사를 불허합니다. 결국 그는 남편으로부터 매를 맞고 이혼당한 소피아의 도움으로 스스로 생을 마감하게 되죠.

안타까운 것은 그날이 소피아와 결혼을 하는 날이었다는 것입니다. 어쩌면 사랑하는 소피아와 함께 다시 생에 대한 의욕을 가질 만도 한데, 그는 어떤 마음으로 그런 선택을 하였을까요? 이튼은 이렇게 말합니다.

"이렇게 행복한데 왜 떠나려는 걸까요?
제가 행복한 건 고통이 어제로 끝났기 때문이죠.
이제 행복하게 떠날 겁니다."

스스로 삶을 선택할 수 있을까

안락사를 뜻하는 'euthanasia'는 불치병 환자의 고통을 덜어 주기 위해 인위적으로 죽음에 이르게 하는 일을 말하는데, '좋은 죽음'이라는 뜻의 그리스어를 영어권에서 차용한 것이라고 합니다. 현재 여러 국가에서 안락사의 인정 여부를 두고 찬반 논쟁이 벌어지고 있는데요. 대부분의 국가에서 적극적 안락사는 불법인 반면, 소극적 안락사는 일부 국가에서 허용되고 있습니다. 자칫 생명을 경시하는 풍조에 편승할 수도 있어 안락사를 인정하자는 경우에도 명확한 기준을 가지고 대상을 한

정해야 한다는 의견이 강합니다.

벨기에인으로 시청각 장애를 가졌던 쌍둥이 형제의 안락사는 많은 논란을 촉발시켰습니다. 형제는 구두수선공으로 함께 일했는데, 청각장애를 가지고 태어났습니다. 그러다가 시력까지 잃을 위기에 처하자 안락사를 요청했는데요. 벨기에 의사협회는 형제의 청원에 동의하여 안락사를 승인했고, 시행이 되었답니다. 주치의에 따르면 이들은 커피를 한잔 마시고 "다른 세상에서 만나자"며 가족들에게 작별인사를 한 뒤 편안하게 죽음을 맞이했다고 하네요.

이 영화 속의 이튼 역시 소피아와 결혼하는 날, 사랑하는 이들을 초대하여 작별인사를 나누고 스스로 생을 마감합니다. 좀 이기적으로 보이긴 하지만 스스로 존엄하게 죽음을 맞이하고 싶다는 본인의 열망이 반영된 결과이겠지요.

이뿐만이 아닙니다. 영화 〈씨 인사이드〉(2004, 스페인)에서도 26년 전에 바다에서 다이빙을 하다가 전신이 마비된 남자 라몬 삼페드로가 무기력한 전신마비자로 살기보다 존엄하게 죽고 싶다며 생을 마감합니다. 이 영화 속의 삼페드로 역시 친구와 가족이 보는 앞에서 술을 한잔 하고 마치 파티를 하듯 왁자지껄하게 작별인사를 한 후 떠나갑니다. 그의 죽음 앞에서 우리는 정당성 여부를 따질 수는 없습니다. 다만 그의 선택을 존중할 뿐이지요.

영화 〈청원〉의 법정 장면도 뜨거웠습니다. 생명의 존엄성을 위해 안락사를 허용해서는 안 된다는 검사 측 주장과 삶의 질과 행복을 위하여 안락사를 허용해 달라는 변호인이 팽팽하게 대립합니다.

한편으로는 이튼이 진행하는 라디오 방송을 듣는 청취자들도 그를 지지하는 사람과 비난하는 사람으로 나뉘어서 서로 대립합니다. 이튼을 비난하는 사람 가운데서는 그동안 행복한 척하더니 그것이 거짓이었냐며 그를 위선자로 몰아가기도 하고, 청취자들을 위해서 그가 여전히 밝은 목소리로 방송을 해야 된다고 믿는 사람도 많아 보입니다. 하지만 이튼의 입장을 한번 고려해 보면 그것도 사람들의 이기심이라는 생각이 듭니다. 14년째 육신의 감옥에 갇혀서 이마에 뚝뚝 떨어지는 빗방울, 코끝에 앉은 파리 한 마리에도 저항하지 못하는 그의 삶 앞에서 우리는 '용기를 내라'고 자꾸만 강요할 수 있을까요?

결국 그의 자발적인 안락사는 불법인 채로 막을 내렸고, 어쩌면 그가 사랑했던 아내 소피아는 처벌을 받게 되겠지요. 물론 영화니까 조금 과장된 면이 있고, 소피아에게 사랑이라는 미명하에 너무 큰 형벌을 내려 줬다는 비판도 할 수 있겠지만,

우리가 주목할 것은 이튼의 인간적인 삶에 대한 소망이라고 생각합니다.

존엄하게 살 권리

미국에서 1980년에 제작된 〈엘리펀트 맨〉은 조세프 캐리 메릭의 실화를 바탕으로 제작된 영화입니다. 중추신경계에 이상이 생겨 피부종양이 생기는 '신경섬유종증'이라는 병을 안고 태어난 메릭은 지금으로부터 100여 년 전에 태어나 '엘리펀트 맨'이라 불리며 유랑극단의 괴물쇼에 출연했습니다. 그러니까 그는 인간이라기보다 동물에 가까운, 어쩌면 그보다 더 흉측한 괴물이라는 이름의 눈요기로 전락해 있었던 것입니다. 그에게는 인간다운 삶이란 없었습니다. 유두종양 증식, 오른팔 골격 비대증, 두개골 변형 등 다양한 병증으로 인해 참혹한 모습으로 괴물쇼에 동원되었습니다.

어느 날, 런던 병원의 외과의사 프레드릭 트레비시가 서커스단에서 동물처럼 학대받는 그를 연구 대상으로 삼기 위해 집으로 데려옵니다. 트레비시의 아내는 그를 괴물이 아닌 사람으로 대접해 주었고, 메릭은 비로소 스스로의 자존감을 느끼게 됩니다. 사람들의 구경거리가 되었지만 그는 자신의 삶을 존중하고 소중하게 받아들였고, 시를 사랑하고 문학과 예술을 사랑했습니다. 그리고 어머니를 그리워하며 스물여덟 살의 어느 날, 태어나서 처음으로 편안하게 바로 누워서 잠이 듭니다. 그날은 그의 장례식이었지요.

영화 〈청원〉 속의 이튼이나 〈엘리펀트 맨〉의 메릭, 두 사람의 삶은 우리에게 많은 것을 고민하게 합니다. 몸의 감옥에 갇힌 이튼은 자유를 꿈꾸며 스스로 안락사를 청원하고, 엘리펀트 맨으로 참혹한 삶을 살았던 메릭은 죽음이 주어진 때에 자연스럽고 익숙한 듯 그것을 맞이합니다. 어느 쪽이 옳다고 할 수도 없고, 법으로 그것을 결정하기도 정말 어려운 일이지요.

1997년, 우리나라에서도 한 사례가 있었습니다. 보라매병원에서 인공호흡기에 의지하고 있던 의식불명 환자의 가족들이 경제적인 이유로 치료를 거부하여, 의사가 환자 가족의 요청에 따라 퇴원을 시켰는데요. 대법원은 그 의사에게 살인방조죄를 선고했습니다. 이후 의사들은 형사처벌을 받게 될까 봐 회복이 불가능한 임종 직전의 환자에게도 고통스러운 연명치료를 계속할 수밖에 없었습니다.

이후 2009년, 대법원이 '세브란스병원 김할머니 사건' 판결을 통해서 연명치료를 중단할 수 있는 허용기준을 제시했고,

'보라매병원 사건'이 발생한 지 18년 만인 2015년에는 연명치료 중단에 관한 환자결정권 제도화가 논의돼 법제화되기에 이릅니다. 물론 그것을 결정하기 위해서는 환자가 본인의 뜻에 따라 '연명의료계획서'나 '사전의료의향서'를 작성하거나 환자 가족의 동의하에 의사 2명이 확인해야 연명의료를 중단할 수 있도록 했습니다. 여건과 제약이 따르지만, 환자의 자기결정권을 존중한다는 점에서는 매우 의미 있는 일이라고 할 수 있습니다.

생명의 문제는 누구에게나 어렵습니다. 만일 남겨진 가족이 그것을 결정해야 한다면 더욱 그러하겠지요. 여러분은 안락사 문제를 어떻게 생각하나요? 죽을 권리도 중요하지만 살아야 할 책임은 더욱 크다고 할 수 있습니다. 마술사 이튼은 존엄하게 살고 싶다고 하여 스스로 안락사를 원했지만, 프랑스 잡지 《엘르》의 편집장이었던 보비의 실화를 다룬 영화 〈잠수종과 나비〉를 보면 살아 있음의 감사와 소중함을 또한 느낄 수 있습니다.

출세가도를 달리던 보비는 사고에 의한 '감금증후군(looked-in syndrome)'으로 인해 한쪽 눈만 움직일 수 있게 됩니다. 하지만 그는 그 한쪽 눈을 20만 번 이상 깜빡여서 책을 출판하고 세상을 떠나는데요. 그는 몸이 마치 잠수종처럼 잠겨 버렸을 때, 식구들과 사랑하는 이들에게 "사랑한다"는 말을 할 수 없음을 가장 안타까워했습니다.

　우리는 안락사와 '자기결정권'에 대해서 생각해 보았습니다. 이 작품은 생명의 엄중한 무게감과 숱한 낮과 밤이 쌓여 이루어진 신화와도 같은 우리의 삶을 돌아보게 합니다. 존엄하게 산다는 것, 그 어떤 선택을 떠나서 그것이 가치를 결정하는 기준이 되겠지요.

행복추구권과 생명권이
부딪친다면?

대한민국 헌법 제10조는 "모든 국민은 인간으로서의 존엄과 가치를 가지며, 행복을 추구할 권리를 가진다. 국가는 개인이 가지는 불가침의 기본적 인권을 확인하고 이를 보장할 의무를 진다."라고 인간의 존엄성과 행복추구권을 규정하면서 국가에게 개인의 인권을 보장할 의무를 부여하고 있습니다.

또한 국민의 자유와 권리는 국가안전보장, 질서유지, 공공복리를 위하여 필요한 경우 법률로써 제한할 수 있지만, 본질적인 내용을 침해할 수는 없습니다(헌법 제37조 제2항).

인간으로서의 존엄과 가치는 인간이 태어나서 죽음에 이르기까지 가지는 것으로, 국가가 국민에 대해서 인간으로서의 존엄성을 보장해야 합니다.

인간의 존엄성과 생명권, 무엇이 더 중요한가?

이 영화에서 이튼은 법원에 자신이 존엄하게 죽음을 선택할 수 있도록 해달라는 청원을 제기합니다. 하지만 두 번의 청원이 모두 기각됩니다. 그 이유는 판사라고 하더라도 판결로써 타인의 생명에 대한 결정을 할 수 없기 때문일 것입니다. 즉 인간의 존엄성과 생명권이 대립하는 경우에 인간의 존엄성을 이유로 생명권을 포기할 수 없기 때문입니다.

두 개의 기본권이 충돌하는 경우에 '이익형량에 의한 방법' 등으로 해결하게 됩니다. 이익형량에 의한 방법이란, 위와 같이 충돌하는 인간의 존엄성과 생명권과 같은 기본권의 보호이익을 형량하여, 즉 비교함으로써 '더 중요한' 혹은 '더 우월한' 이익을 보장하는 방식입니다.

이 영화 속 사안의 경우에는 이익형량에 따라서 인간의 존엄성보다는 생명권이 보호하려는 이익이 더 중요하고 더 우월하다고 보아, 생명권을 보장하기 위해서 존엄하게 죽을 권리에 대한 청원을 기각한 것입니다.

생명권과 사형

인간이 살아감에 있어서 인간의 존엄성이 보장되어야 한다는 것에는 이견이 없습니다. 하지만 죽음을 선택함에 있어서 존엄성도 보장되어야 하는지에 대해서 쉽게 결론을 내릴 수가 없습니다. 생명권과 배치되기 때문입니다.

그런데 그럼에도 불구하고 현행법은 사형을 인정하고 있습니다. 두 번이나 헌법재판소에 사형제에 대한 위헌법률심판[11]을 제청하였으나, 1996년에는 헌법재판소 재판관 9명 중 7대 2로 합헌으로 판단하였고("사형이 최소한 동등한 가치가 있는 다른 생명 또는 공공의 이익을 보호하기 위해 예외적으로만 적용되는 한 헌법에 위반되는 것으로 볼 수 없다."—헌재 1996. 11. 28., 95헌바1 결정), 2010년에는 5대 4로 합헌 결정을 하였습니다("불법 정도와 책임에 상응하는 형벌을 부과하는 것으로서 범죄자가 스스로 선택한 범죄 행위의 결과인 바, (사형이) 범죄자를 사회 방위라는 공익 추구를 위한 객체로만 취급해 인간으로서의 존엄과 가치를 침해한 것으로 볼 수 없다."—헌재 2010. 2. 25., 2008헌가23고 결정).

2019년 천주교주교회의가 "타인의 생명과 인권을 유린하고 훼손한 극악무도한 범죄자라도 생명은 절대적 의미를 지닌다. 사형제는 죄를 범한 사람을 도덕적 반성과 개선을 할 수 있

---

11   위헌법률심판이란 법률이 헌법에 합치하는가의 여부를 심판하여 위반된다고 판단되는 경우에 그 효력을 상실케 하는 제도이다. 입법부의 자의적 입법에 대한 헌법보장기능으로서 헌법재판의 핵심이다. 법률이 헌법에 위반되는 여부가 재판의 전제가 된 때에는 당해 사건을 담당하는 법원은 직권 또는 당사자의 신청에 의한 결정으로 헌법재판소에 위헌법률심판을 제청한다.

는 인간으로 보지 않고 사회 방위의 수단으로만 취급한다는 점에서 헌법과 양립할 수 없다. 사형제도 목적이 강력범죄 예방이라고 하지만 다른 형벌에 비해 효과적인 범죄 억제력이 있다는 가설은 입증되지 않고 있다."며 사형제는 위헌이라고 주장하면서 헌법재판소에 형법 제41조 제1항 등 사형을 규정한 법률에 대해 헌법소원[12] 심판 청구를 하였습니다.

첫 결정에서는 위헌이라는 의견이 2명이었으나, 두 번째 결정에서는 4명으로 늘어났습니다. 세 번째는 6명을 넘어서 사형제에 대하여 위헌결정을 할 수 있게 될까요? 대한민국은 형법, 군형법 등에 사형 조항을 두고 있지만, 1997년 12월 30일 마지막 사형집행이 이루어진 뒤 20년 넘게 사형집행이 없었습니다. 그래서 국제앰네스티[13]는 대한민국을 실질적 사형폐지국으로 분류하고 있습니다.

---

12   헌법소원이란 공권력에 의하여 헌법상 보장된 국민의 기본권이 침해된 경우에 헌법재판소에 제소하여 그 침해된 기본권의 구제를 청구하는 제도이다. 자연인은 물론 법인도 헌법소원을 청구할 수 있다. 헌법소원심판 청구에서 위헌 결정이 내려지려면 헌법재판관 9명 중 6명이 위헌이라고 하여야 한다.

13   국제앰네스티(Amnesty International)는 비정부기구(NGO: Non-Governmental Organization)로서, 국적·인종·종교 등의 그 어떤 차이도 초월하며 정치적 이데올로기와 경제적 이익으로부터 독립적으로, 신중한 조사와 국제사회에서 합의한 기준들을 바탕으로 활동한다.

안락사: 연명의료결정법

대법원은 2009년 5월 21일, 식물인간 상태로 회생 가능성이 없는 환자의 생명연장 치료 중단을 인정하는 판결을 하였습니다. 회복 불가능한 사망단계에 이른 경우를 전제로, 인간답게 죽을 권리와 생명에 대한 자기결정권을 아래와 같이 인정하였습니다.

"이미 의식의 회복가능성을 상실하여 더 이상 인격체로서의 활동을 기대할 수 없고 자연적으로는 이미 죽음의 과정이 시작되었다고 볼 수 있는 회복불가능한 사망의 단계에 이른 후에는, 의학적으로 무의미한 신체 침해 행위에 해당하는 연명치료를 환자에게 강요하는 것이 오히려 인간의 존엄과 가치를 해하게 되므로, 이와 같은 예외적인 상황에서 죽음을 맞이하려는 환자의 의사결정을 존중하여 환자의 인간으로서의 존엄과 가치 및 행복추구권을 보호하는 것이 사회상규에 부합되고 헌법정신에도 어긋나지 아니한다. 그러므로 회복불가능한 사망의 단계에 이른 후에 환자가 인간으로서의 존엄과 가치 및 행복추구권에 기초하여 자기결정권을 행사하는 것으로 인정되는 경우에는 특별한 사정이 없는 한 연명치료의 중단이 허용될 수 있다." [대법원 2009. 5. 21., 선고, 2009다17417, 전원합의체 판결]

2016년 2월 3일에는 '호스피스 완화의료 및 임종과정에 있는 환자의 연명의료결정에 관한 법률'(약칭: 연명의료결정법)이 제정되어 치료효과 없이 임종과정의 기간만을 연장하는 연명의료를 더 이상 받지 않도록 하는 권리가 환자에게 부여되었습니다. 19세 이상의 사람이면 사전연명의료의향서를 미리 작성하여 연명의료에 대한 본인 의사를 남겨 놓을 수 있고, 말기환자 등이 의료기관의 담당의사에게 요청하여 담당의사가 작성한 연명의료계획서가 있는 경우 연명의료중단 결정을 원하는 환자의 의사가 있는 것으로 보아 연명의료중단 등의 결정을 이행할 수 있습니다.

하지만 이들은 임종과정에 있는, 즉 회생의 가능성이 없고 치료에도 불구하고 회복되지 않으며 급속도로 증상이 악화되어 사망에 임박한 상태의 사람을 대상으로 하는 것입니다. 이튼의 경우에는 해당되지 않습니다. 이튼은 신체를 전혀 움직일 수 없어서 타인에게 자신의 모든 것을 맡겨야 하고, 감옥에서 종신형을 받은 것과 다름없는 삶을 살고 있다고 느끼지만, 그렇더라도 사망에 임박하지 않았다면 연명의료결정법에 따라서 연명의료중단 등의 결정이 내려질 수는 없습니다.

소피아가 이튼을 도운 행위에 대한 우리 형법상의 처벌

인간은 자신의 삶을 종료시키는 것을 선택할 수 있을까요? 자살이라는 방법으로 자신의 삶을 스스로 마무리하는 방법이 있지만, 자살은 절대 선택해서는 안 되는 것으로, 국가 또한 그 원인을 분석하여 예방하는 데 힘을 기울여야 합니다.

자살이 발생한 경우 자살을 도운 사람, 즉 자살을 방조한 사람이 있다면 형법 제252조 제2항 자살방조죄로 처벌을 받습니다. 대법원은 "자살방조죄는 자살하려는 사람의 자살행위를 도와주어 용이하게 실행하도록 함으로써 성립되고, 그 방법에는 자살도구인 총, 칼 등을 빌려주거나 독약을 만들어 주거나 조언 또는 격려한다거나, 기타 적극적·소극적·물질적·정신적 방법이 모두 포함된다."[대법원 2005. 6. 10., 선고, 2005도1373, 판결]고 보는데, 만약 도와주는 것을 넘어서서 이튼이 사망하도록 적극적인 행동을 했다면 형법 제252조의 촉탁에 의한 살인죄가 성립하게 됩니다. 스스로 죽음을 결정한 사람의 자살을 돕는 행위는 자살방조죄에 해당하나, 죽음을 결의한 자의 요구에 의해서 살해를 하는 경우는 촉탁살인으로, 살해를 하려는 자가 피해자의 동의를 받은 경우에는 승낙살인으로 처벌될 수 있습니다.

영화의 경우에는 자살을 원하는 이튼의 요청으로 독약을

만들어 주고 이를 이튿 스스로 마심으로써 사망에 이르게 되었
으므로 자살방조죄에 해당한다고 볼 수 있습니다. 그렇지 않고
이튿이 자신의 생명을 거두어 달라고 요청하고 행위자가 직접
살해하는 행위를 했다면 촉탁에 의한 살인으로 처벌되겠지요.

현실 속의 적극적 안락사

2016년과 2018년에 대한민국 국민 두 명이 스위스에서 안
락사로 생을 마감했다는 기사를 접했습니다. 이때의 안락사는
적극적 안락사를 의미하는 것으로, 연명치료를 중단하는 소극
적 안락사가 아니라 약물을 투여하여 사망에 이르게 하는 것을
말합니다.

스위스는 1942년부터 자국민뿐 아니라 외국인에게도 말기
환자의 고통을 덜어 주는 안락사를 허용하고 있습니다. 호주의
104세 과학자 데이비드 구달 박사는 질병은 없지만 건강이 악
화되어 혼자 힘으로 생활하기 어려워지고 능력이 급격히 쇠퇴
하고 있어 스스로 삶의 마지막을 결정하고 싶었습니다. 그러나
호주에서는 안락사를 금지하고 있어 2018년 스위스에서 베토
벤 교향곡 〈환희의 송가〉를 들으며 죽음을 맞이했습니다.

존엄사, 안락사, 용어의 혼동이 있지만 결국 인간 스스로가

자신의 죽음을 선택한다는 점에서는 같습니다. 이에 대해서 어떻게 생각하나요? 스스로가 자신의 생의 마감도 결정할 수 있도록 해야 한다고 보시나요? 생명은 존중되어야 하고 자살은 절대 해서는 안 된다는 것에는 이견이 있을 수 없습니다.

나의 행복을 지켜줘

HUMAN RIGHTS

학교폭력예방법

너만의
문제가 아니야

우리들

2015

모든 것이 불안정하고 애매하며 덧없이 지나가지만,

오직 선한 마음만은 확실하여

어떠한 폭력에 의해서도 파괴되지 않는다.

-키케로

"아이들은 어려도 관계는 어리지 않다."

영화 평론가 이동진 씨가 남긴 이 한 줄의 문장 안에 영화가 하고 싶은 이야기가 다 담겨 있다는 생각이 듭니다. 이 영화의 주인공은 초등학교 4학년 아이들이지만, 인생 4학년이 된 부모님도 함께 볼 수 있는 작품인데요.

살다 보면 어느 날, 마치 하늘이 무너지는 것처럼 어깻죽지

청소년을 위한 영화 속 인권 이야기

의 힘이 빠지고 외로워질 때가 있습니다. 그것은 내가 따돌림을 당하고 있다고 느낄 때이지요. 왕따 문제는 시대와 세대, 성별과 공간을 넘어서 사람이 살아가는 곳이라면 어디서나 발생 가능한 일이기도 합니다. 왕따 문제를 가해자나 피해자로 나누지 않고 우리의 문제라는 인식을 바탕으로 한 이 작품은 그래서 모두의 이야기라는 데 이견이 없다고 믿습니다.

한국의 고레에다 히로카즈라는 별명을 달고 있는 30대의 윤가은 감독은 〈손님〉(2011), 〈콩나물〉(2013) 등의 단편과 〈우리집〉(2019)이라는 장편을 선보이며 차세대 유망주로 큰 사랑을 받고 있는 분입니다. 이 영화에서는 '관계'에 대한 이야기를 하고 싶었다고 하는데요. 피구 시합에서 마지막까지 선택되지 못하고 우두커니 서 있어야 하는 심정은 나이가 들어서도 마찬가지로 외롭고 힘든 일일 것입니다. 하지만 역시 가장 민감한 나이는 청소년 시기일 것이라는 생각이 듭니다.

누구에게나 여름의 추억은 있다

초등학교 4학년인 선(최수인)은 혼자입니다. 사실 선은 친구들과 놀고 싶은데, 왜 친구들이 피구할 때 자신을 잘 뽑지 않는지, 왜 생일파티에 초대받지 못하는지 잘 모릅니다. 다만

4학년이 되면서부터 보라(이서연)들로부터 왕따를 당하는 것일지도 모르겠다고 추측할 뿐입니다.

대략 초등학교 4학년쯤 되면 아이들은 끼리끼리 어울리게 되고, 계급과 권력이 생기기 시작하는 시기라고 합니다. 그래서 3학년 때까지도 원만하게 지내던 아이들이 학년이 올라가면서 성별끼리 혹은 마음이 맞는 아이들끼리 뭉치기 시작한다는군요.

그러던 어느 날, 그날은 여름방학식을 하던 날입니다. 마치 축복처럼 한 아이가 나타난 것이지요. 어린왕자가 사막에서 여우와 만난 심정이 이럴까요? 지아(설혜인)가 이사를 왔고, 그날 처음 둘은 이야기를 하게 됩니다. 그해 여름은 선과 지아에게 가장 빛나는 시간이 되었을 것이라고 생각합니다.

살던 곳을 떠나 낯선 곳에서 만난 선이 지아에게도 무척 소중하고 반가웠을 것입니다. 지아는 부모님이 이혼했다는 자신의 비밀을 털어놓고, 선은 아빠가 알코올 중독인 것을 들키지만, 여태까지 경험하지 못했음 직한 추억을 만듭니다. 두 아이의 표정을 보면 마치 연애를 하고 있는 듯이 보입니다. 그것은 어른들도 비슷하답니다. 허니문 기간이라고도 하는 그 시간은 낯선 누군가를 만나서 서로를 알게 되는, 이루 말할 수 없이 행복한 시간이랍니다.

청소년을 위한 영화 속 인권 이야기

프라이팬에 김치를 넣어서 김치볶음밥을 만들어 먹고, 손톱에 그림 같은 봉숭아 꽃물을 들입니다. 그리고 좁은 방에서 서로 뒹굴뒹굴 몸을 굴리며 같이 잠을 잡니다. 동무와 같이 하룻밤을 함께 자는 것을 요즘 아이들은 '파자마 파티'라고 하는데요. 우리 어린 날에도 동무의 집에서, 또 동무가 우리 집으로 와서 같이 잠을 자는 일이 많았습니다. 선의 어린 동생 윤이까지 더하여 세 사람은 마치 오래전부터 그래 왔던 것처럼 친해졌고, 선과 지아의 뜨거운 여름은 그렇게 지나가는 듯했습니다.

하지만 여름이 채 끝나기도 전에 선과 지아의 사이에는 균열이 생깁니다. 실은 오이김밥에서 시작된 것이 아닐까, 생각해 보는데요. 선은 지아가 먹을 오이김밥을 해달라고 엄마를 조르고, 두 사람의 다정한 소리에 잠이 깬 지아가 그 모습을 멍하니 바라봅니다. 지아에게 가장 아픈 상처는 부모님의 이혼이고, 엄마와의 이별이지요. 그런데 선과 엄마의 모습이 지아의 마음을 불편하게 합니다. 결국 지아는 여태까지 느끼지 못했던 더위를 탓하며 불편한 심경을 드러냅니다. 기어코 오이김밥은 한 알도 먹지 않고 대신 과자만 씹어먹으면서 말이지요.

개학을 하자 지아는 선을 외면하고 보라네 아이들과 어울리기 시작합니다. 영문도 모른 채 다시 혼자가 된 선과 왕따를 당하지 않기 위하여 보라네 아이들과 더욱 밀착하는 지아, 두 아이는 결국 몸싸움까지 하게 됩니다.

피해자와 가해자

이 작품에서 가장 안타까운 일은 가해자도 피해자도 없다는 사실입니다. 한발 더 나아가면, 같은 왕따 피해자인 지아와 선이 다시 서로가 서로를 상처 주고 있다는 점이지요. 선은 물론이고 지아 역시 지난 학교에서 왕따를 당한 경험이 있기 때문에 그에 대한 두려움과 경계심이 있었을 것이고, 그래서 더욱 선에게 냉담했을지도 모릅니다. 선은 간신히 생긴 친구가 앞서서 자신을 왕따시키는 것에 더 큰 분노를 느낀 것이겠지요. 이런 지점은 상당히 마음 아픈 현실입니다. 피해자가 다시 누군가에게 가해자가 될 수 있다는 사실은 악의 고리가 끊어지지 못하고 순환되는 것을 말하고 있기도 합니다.

한편으로는, 어쩌면 가장 외롭고 슬픈 아이는 지아일지도 모른다고 생각됩니다. 지난번 학교에서 왕따를 당하고 이사까지 온 데다 부모님은 이혼하고 할머니는 일방적으로 지아를 교육시킵니다. 누구도 지아의 말을 들어 주는 사람이 없는 셈이지요. 그래서 지아는 선과 엄마가 대화를 주고받는 그 장면을 못 견뎌 했을 것이라는 생각이 들었습니다.

그리고 보라의 입장도 한번 생각해 봐야 합니다. 보라는 앞 장서서 선과 지아를 왕따시키고 아이들의 우두머리 노릇을 합니다. 하지만 이들 중에서 가장 두려움을 느끼는 아이는 보라일 수도 있습니다. 자신이 왕따를 당하는 것이 두려워 누군가를 계속 왕따시키는 경우가 많기 때문입니다. 게다가 지아가 시험에서 자신보다 높은 점수를 받자 그것을 못 견뎌 하며 눈물을 보이기도 합니다. 보라도 선과 지아와 다를 바 없는 우리의 아이인데요. 무엇이 보라로 하여금 그토록 경쟁하고 견제하게 만들었을까, 안타까운 마음이 들었습니다.

통상 학교에서 폭력을 행사하는 아이들은 혼자서는 절대로 그렇게 하지 못합니다. 패거리를 지어 다니지요. 두려움이 커서 어쩌면 떼를 지어서 몰려다니며 약한 아이들을 상대로 왕따를 시키거나 폭력을 행사하는 것일 테지요. 우리 문학 중에 〈우상의 눈물〉(전상국)이라는 작품이 있습니다. 이 소설 속에서 학교폭력을 행사하는 기표네를 무너뜨리는 것은 그 패거리를 깨는 것으로 시작합니다. 집단이 아닌 혼자서는 설 수 있는 용기가 없는 아이, 어쩌면 보라가 아닐까 하는 생각이 드는데,

여러분은 어떻게 생각하시나요?

    그리고 이 영화는 수미상관 구조로 이루어져서 처음과 마지막이 피구시합으로 연결되어 있습니다. 감독도 밝혔지만 피구시합만큼 아프고 잔인한 경기가 있을까요? 외부로 적이 있고, 내부에서도 선 건너편에 또 적이 있으며, 선을 밟아서도 안되고 공에 맞아서도 안 됩니다. 그리고 공을 던져 상대를 죽여야만 내가 살아남고, 내가 만일 죽으면 똑같은 방식으로 상대방을 죽여야 합니다. 경기는 한 팀의 마지막 한 사람까지 모두 죽어야 끝이 납니다.

    우리가 학교를 다닐 때도 피구시합을 많이 했지만, 왜 하필이면 피구였을까요? 피구시합에서 편을 가를 때 선과 지아는 선택을 받지 못합니다. 학창시절에 운동을 잘해서 항상 먼저 뽑혔던 기억이 있는 사람은 마지막까지 남아야 하는 친구의 심정을 헤아려 본 적이 없을 것입니다. 하지만 이 영화를 보고 나서 마지막까지 친구들로부터 선택받지 못하고 우두커니 남게 되는 그 아이의 마음이 어땠을까, 새삼 되돌아보게 되었습니다.

    이 영화는 그런 작품입니다. 아이와 어른을 가리지 않고 우리가 맺고 살아가는 많은 관계에 대해서 생각해 보게 합니다.

물론 영화 한 편을 보고 나서 관계에 대해 통달했다고 결코 말할 수는 없지만, 적어도 생각은 해보게 된 셈이지요.

봉숭아 꽃물이 지기 전에

마지막 장면, 피구시합을 할 때입니다. 보라는 지아가 선을 밟았다고 우기고 지아는 밟지 않았다고 맞서지만, 어쩐지 보라 네에 밀려서 주장이 힘을 받지 못합니다. 그때 선이 나서서 지아를 도와주지요. 지아가 선을 밟지 않았다고 말입니다. 하지만 두 아이가 화해를 할지 안 할지는 아무도 모릅니다. 다만 선의 손톱 끝에 봉숭아 꽃물이 조금 남아 있는 것으로 봐서 아직도 희망이 손톱 끝만큼은 남아 있다는 생각을 해봅니다.

그런데 선은 왜 원망스럽던 지아를 도와주었을까요? 사실 선은 보라보다 지아를 더욱 원망하고 미워했습니다. 왜냐하면 다정했던 지난 여름의 로맨스를 뒤로하고 지아가 배신을 했기 때문이지요. 그래서 복수라도 하는 심정으로 지아의 비밀을 폭로하고 머리채를 잡고 싸우기도 했겠지요. 그렇다면 선의 이런 변화는 어디서 시작되었을까요?

"그럼 언제 놀아?"

바로 윤이의 대답에 그 해결방안이 담겨 있었던 것이지요. 동생 윤이 친구에게 자꾸 맞고 들어오자 선은 누나답게 윤에게 충고합니다. 그 아이가 때리면 너도 때리라고 말이지요. 만날 맞기만 하던 윤이도 한 대 때렸다고 합니다. 그리고 다시 맞은 것이지요. 선이 "너도 또 때려야지!" 했더니 윤이 이렇게 대답한 것입니다.

"너도 때리고 나도 때리고 계속 때리면 언제 놀아?"

선은 자기보다 어린 동생에게 배웁니다. 폭력을 폭력으로 갚으면 그 고리가 끊어지지 않는다는 것을 말이지요. 이 영화에서 하고 싶은 말은 어쩌면 이것인지도 모릅니다. 하지만 이론이 이러할 뿐, 그리고 영화가 그렇게 전개될 뿐, 학교폭력과 왕따 문제는 이렇듯 단순하지 않다는 데 우리의 고민이 있는 것입니다.

왕따 문제를 다룬 책과 영화가 많습니다. 우리나라 영화로는 이한 감독의 〈우아한 거짓말〉(2013)이 떠오르고, 덴마크 영화로는 수잔 비에르 감독의 〈인 어 베러 월드〉(2010)를 추천드리고 싶군요. 이 작품은 왕따 문제라기보다 우리 곁에 있는 폭력에 대한 대처를 생각하게 하는 작품인데요. 아프리카 난민캠프에서 의료봉사를 하는 아버지와 학교에서 왕따를 당하는 아들의 이야기입니다. 폭력은 결코 폭력으로 해결할 수 없음을 말하고 있습니다.

시대와 국경, 성별을 넘어서 왕따와 폭력은 한 세트처럼 붙어 다니게 되는데요. 이 영화의 장점이라면, 모든 관계가 애초의 순결성을 잃을지라도 누군가 먼저 손을 내밀고 인내하면 좀 더 나은 관계에 도달할 수 있음을 말하고 있다는 것입니다. 봉숭아 꽃물이 남아 있다면 먼저 손을 내미는 용기가 필요하겠지요.

왕따 문제를
어떻게 봐야 할까요?

보라와 지아 등의 친구들이 선을 따돌렸습니다. 담임선생님은 이 아이들을 한자리에 모아 놓고 선에게 사과하라고 합니다. 마지못해 사과한 지아는 선에게 감정이 더욱 격해져, "왕따면 왕따처럼 살아라"라는 말을 내뱉고, 이 말에 분노한 선은 교실로 들어가는 지아를 향해 지아도 전학을 오기 전 학교에서 왕따였다는 것, 지아의 엄마는 영국에 있지 않다는 것을 공개적으로 말해 버리지요. 이렇게 지아와 선은 서로에게 폭력을 행사합니다.

선과 지아: 형법과 소년법

첫 번째로, 지아와 선의 싸움, 즉 폭력에 대해서 먼저 살펴보겠습니다. 서로에게 폭력을 행사하는 상황이 발생하기까지

둘의 관계에는 서로를 힘들게 했던 여러 가지 사건들이 있었습니다. 그리고 최종적으로 누적되었던 감정이 폭발하여 싸움에 이르렀습니다.

선은 지아가 이 싸움을 유발했다고 하면서 자신의 말과 폭행에 정당성이 있다고 주장할지도 모릅니다. '정당방위'라는 것이지요. 지아 또한 선의 말과 행위를 문제 삼으며 자신의 행위를 합리화할지도 모릅니다. 누가 가해자이고 누가 피해자일까요?

서로에게 폭력을 행사하였다면 이는 쌍방 폭행에 해당하여 경찰은 둘을 모두 폭행죄로 수사하게 됩니다. 양자가 모두 가해자이자 피해자가 되는 것이지요. 사람들은 이럴 때 서로 정당방위임을 주장하기도 하지만, 법원은 싸움의 경우 정당방위를 인정하지 않습니다. 둘 다 폭행죄로 처벌받게 됩니다.

14세 미만의 사람은 형사미성년자로 형사처벌을 받지 않지만, 10세 이상 14세 미만의 경우 소년법에 따라서 소년재판을 통해 보호처분을 받을 수 있지요. 선과 지아는 초등학생이고, 10세 이상 14세 미만에 해당합니다. 물론 이 경우에도 '학교폭력예방 및 대책에 관한 법률'(약칭: 학교폭력예방법) 제17조 제1항에 따라서, 가해학생은 서면사과 등의 조치를 받을 수 있습니다.

자, 그럼 학교폭력예방법에 대해 좀 더 자세히 알아볼까요?

선과 보라, 그 친구들: 학교폭력예방법

이제 두 번째로, 보라를 선두로 한 지아 및 보라 친구들의 행위를 살펴보겠습니다. 여기서는 가해자와 피해자가 명확해 보입니다. 선에게 거짓말을 해서 자기 대신 청소를 시키고 선이 다가오면 보란 듯이 피했던 보라와 그 친구들, 게다가 선을 잘 아는 지아까지 합류하여 선의 가장 아픈 개인사를 들추어 공격했죠. 이것은 어떤 범죄에 해당할까요?

대법원은 집단따돌림에 대해서 다음과 같이 판시한 바 있습니다.

"집단따돌림이란 학교 또는 학급 등 집단에서 복수의 학생들이 한 명 또는 소수의 학생들을 대상으로 의도와 적극성을 가지고, 지속적이면서도 반복적으로 관계에서 소외시키거나 괴롭히는 현상을 의미한다." [대법원 2007. 11. 15., 선고, 2005다 16034, 판결]

학교폭력예방법은 2004년 제정 당시에는 따돌림을 학교폭력의 하나로 정하지 않았습니다. 하지만 위 판례와 같이 따돌림으로 자살하는 사건 등이 발생하면서 사회적인 관심이 모아지며 2012년 개정되었지요. 이때 따돌림뿐 아니라 사이버 따돌림도 학교폭력으로 정하였습니다.

"따돌림이란 학교 내외에서 2명 이상의 학생들이 특정인이나 특정집단의 학생들을 대상으로 지속적이거나 반복적으로 신체적 또는 심리적 공격을 가하여 상대방이 고통을 느끼도록 하는 일체의 행위를 말한다."(학교폭력예방법 제2조 제1의2호)

"사이버 따돌림이란 인터넷, 휴대전화 등 정보통신기기를 이용하여 학생들이 특정 학생들을 대상으로 지속적, 반복적으로 심리적 공격을 가하거나, 특정 학생과 관련된 개인정보 또는 허위사실을 유포하여 상대방이 고통을 느끼도록 하는 일체의 행위를 말한다."(학교폭력예방법 제2조 제1의3호)

그렇다면, 보라와 그 친구들의 행동은 학교폭력의 하나인 '따돌림'에 해당할까요?

아마도 그들은 선을 따돌리지 않았다고 주장할 것입니다. 선과 맞지 않아서 어울리지 않았을 뿐이라고 변명할 테죠. 싫은 친구와 놀지 않고 좋아하는 친구들과만 노는 것이 무슨 문제가 되냐고 반문할 것입니다. 현재 학교현장에서 가장 어려운 것이 어떤 행동이 따돌림에 해당하는지 판단하는 것입니다. 피해학생은 피해를 느끼지만 객관적으로 가해학생들의 행동이 따돌림에 해당한다고 인정하기 어려운 경우가 부지기수입니다. 은근히 따돌리는 경우를 '은따'라고 말하는데, '은따'의 경우 따돌림으로 인정하는 것이 더욱 어렵습니다.

그렇다면 위 대법원 판례를 바탕으로 정의된 학교폭력예방법의 '따돌림'을 판단하는 중요한 요건들을 한번 살펴보도록 합시다.

① 2명 이상의 학생들이 → 보라와 그 친구들은 2명 이상의 학생에 해당
② 특정인이나 특정집단을 → 특정인인 선을 대상으로 하였음
③ 지속적이거나 반복적으로 → 지속적이라는 요건 충족
④ 신체적 또는 심리적 공격을 가하여 → 심리적 공격을 가함
⑤ 고통을 느끼도록 하는 것 → 선이 고통을 느낌

보라와 그 친구들 '2명 이상의 학생'이 '특정인'인 선을 '지속적'으로 '심리적 공격'을 가하여 '고통을 느끼게' 했습니다. 따라

서 보라와 지아 그리고 그 친구들의 행위는 학교폭력예방법이 정한 '따돌림'에 해당합니다. 이를 입증하기 위해서는 많은 증거가 수집되어야 한다는 어려움이 남아 있지만, 주변 학생의 증언 등 증거를 충분히 확보할 수 있다면 이 친구들의 행위는 학교폭력으로 볼 수 있겠지요.

회복적 정의

학교폭력예방법은 학교의 장이 자체적으로 문제를 해결할 수 있도록 하는 절차를 마련해 두고 있습니다. 2주 이상의 신체적·정신적 치료를 요하는 진단서를 발급받지 않았고, 재산상 피해가 없거나 즉각 복구되었으며, 학교폭력이 지속적이지 않았고, 학교폭력에 대한 신고·진술·자료제공 등에 대한 보복행위가 아니라는 네 가지 요건을 만족하며 피해학생과 보호자가 동의하는 경우 이 방법을 취합니다.

학교의 장이 자체적으로 학교폭력을 해결하는 방안은 '회복적 정의'에 해당합니다. 회복적 정의는 응보적 정의와는 다른 패러다임입니다. 응보적 정의는 잘못을 저지른 사람에게 그 잘못에 해당하는 책임을 지도록 국가가 처벌하는 것으로, 여기에서는 피해자의 역할을 찾아보기 어렵습니다. 그에 반해 회복적

정의는 국가가 가해자를 처벌하는 것이 아니라 가해자가 피해자의 피해를 회복해 주는 것에 중점을 두고 있습니다. 가해자가 자신의 행위로 발생한 피해를 직시하여, 그 피해에 대해서 자발적으로 책임을 지게 하려는 것입니다. 이러한 과정에 공동체가 참여하여 궁극적으로 피해자와 가해자의 관계를 회복하도록 하려는 것이지요. 당사자들의 갈등해결을 위해서는 그들이 속해 있는 공동체의 역할이 중요하기 때문입니다.

교육청은 학교장이 자체적으로 해결할 수 있는 학교폭력 사안을 교육적으로 해결하기 위해 '갈등조정전문가'를 양성하고 있습니다. 갈등조정전문가는 회복적 정의에 기반하여 학교폭력을 해결하기 위해 다음과 같은 일을 하게 됩니다.

먼저, 피해학생 및 그 보호자 그리고 가해학생 및 그 보호자를 각각 따로 만나서 그들의 이야기를 경청합니다. 이때 가장 중요한 것은 판단하지 않고 그들의 이야기를 들어 주는 것입니다. 지나친 공감도 경계해야 합니다. 전문가가 끝까지 그들의 말을 들어 준다는 것만으로도 많은 것이 해결될 수 있습니다. 전문가는 다양한 질문을 통해서 당사자들이 그 사건을 잘 설명하고 객관적으로 사건을 볼 수 있도록 해야 합니다. 이를 '사전모임'이라고 합니다.

사전모임이 끝나면 당사자들의 동의하에 가해학생과 피해학생 그리고 그들의 부모님뿐 아니라 선생님 혹은 관련된 제3자들이 함께하는 '본모임'을 갖게 됩니다. 본모임에서 가해학생과 피해학생은 서로의 입장을 듣게 되죠. 이때 지켜져야 할 세 가지 규칙은 '경청하기', '진실을 말하기', '비밀유지'입니다. 그리고 가장 기본적인 세 가지 질문에 대해서 말하게 됩니다. '무슨 일이 있었나?' '어떤 피해가 발생하였나?' '발생한 피해를 어떻게 회복할 것인가?' 이 세 가지 기본 질문을 바탕으로 각자의 입장을 말하고 상대의 입장을 경청하게 됩니다. 그 후 서로가 합의에 도달하게 된다면 이를 문서화하는 작업을 하게 되죠.

본모임을 마치고 일정 기간이 지난 후, 본모임에서 약속한 사항이 잘 지켜지고 있는지를 확인하는 '사후모임'을 할 수 있습니다. 실제로 가해학생과 피해학생이 작성한 합의서는 법적 효력이 없는, 당사자 간의 신뢰를 기반으로 한 약속입니다. 자신의 상황을 충분히 말하고 그것을 상대방이 경청하고, 상대의 상황을 충분히 듣고 공감한 후에 함께 만든 약속이지요. 이러한 약속은 법적효력 여부와 무관하게 서로가 지켜야 할 것이지만, 지키지 못하는 상황이 발생할 수 있겠지요. 따라서 사후모임을 통해서 점검하고, 필요하다면 보완하여, 함께 만든 약속이 잘 지켜질 수 있도록 해야 할 것입니다.

학교폭력예방법상의 조치 및 구제

학교장의 자체해결 사안이 아니라고 판단되거나 피해학생 측이 원하지 않는 경우에는 각 시도 교육청 산하 교육지원청에 설치된 심의위원회를 개최하여 학교폭력예방법 제17조 제1항에서 규정한 다음 조치 중 일부를 가해학생에게 할 것을 학교의 장에게 요청합니다.

① 피해학생에 대한 서면사과 ② 피해학생 및 신고·고발 학생에 대한 접촉, 협박 및 보복행위의 금지 ③ 학교에서의 봉사 ④ 사회봉사 ⑤ 학내외 전문가에 의한 특별교육이수 또는 심리치료 ⑥ 출석정지 ⑦ 학급교체 ⑧ 전학 ⑨ 퇴학처분

교육지원청에 설치된 심의위원회가 조치를 교육장에게 요청하여야 하고, 가해학생과 그 보호자뿐 아니라 피해학생과 그 보호자도 교육장을 상대로 행정심판을 청구할 수 있도록 하여 학교는 학교폭력사건으로 인한 업무를 덜 수 있게 되었습니다.

그렇다면 영화와 같은 경우는 어떻게 처리될 수 있을까요? 따돌림은 '지속성'을 요건으로 합니다. 따라서 '학교폭력이 지속적이지 않을 것'이라는 요건을 충족하지 못하여 학교장의 자체해결 사안이 될 수는 없습니다. 즉 심의위원회를 열어 논의

한 후 위의 조치들을 취할 것인지 결정하게 되겠지요.

학교폭력예방법은 피해학생인 선을 위한 보호도 규정하고 있습니다(학교폭력예방법 제16조). 자치위원회 또는 심의위원회가 다음의 조치들을 학교의 장 또는 교육장에게 요청할 수 있지요.

① 심리상담 및 조언 ② 일시보호 ③ 치료 및 치료를 위한 요양 ④ 학급교체 ⑤ 그 밖에 피해학생의 보호를 위하여 필요한 조치

그리고 ①, ②, ③의 조치에 따라 상담 등을 받는 데 사용되는 비용은 가해학생의 보호자가 부담하여야 합니다.

학교폭력예방법에 따라서 가해학생은 처분을 받고 피해학생은 보호를 받게 되지만, 학교폭력예방법에 따른 조치에 불복하는 경우에 행정심판으로 다툴 수 있습니다. 그뿐 아니라 가해학생은 소년법에 따라 소년재판을 받고 그에 따른 보호처분을 받을 수도 있습니다. 피해학생과 그 보호자는 가해학생과 그 보호자를 상대로 민사상 손해배상청구를 하여 손해배상을 받을 수도 있지요.

법원의 형사재판을 통하여 가해자를 벌하고, 민사재판으로 피해자가 배상을 받는 것은 피해자의 권리입니다. 누구도 이를 막을 수는 없습니다. 그러나 재판절차라는 것은 너무나도 지난하여 많은 비용과 시간을 투입해야 합니다. 공부와 놀이에 집중하여 성장발달하여야 하는 청소년이 재판절차를 통해 권리실현을 하려면 오히려 득보다 실이 더 큰 경우가 많습니다.

그렇다면 우리는 어떻게 해야 할까요?

갈등의 교육적 해결

사람들 사이에서 갈등은 생길 수밖에 없으며 갈등이 교육의 기회라는 것을 서로 확인하고, 대화를 통해서 만든 약속을 지켜 가는 과정보다 더 교육적인 것은 없습니다.

학교폭력예방법의 목적은 '피해학생을 보호'하고 '가해학생을 선도·교육'하며, 피해학생과 가해학생 간의 분쟁조정을 통해 '학생의 인권을 보호하고 학생을 건전한 사회구성원으로 육성'하는 것입니다.

학교폭력을 간과하고 그냥 넘어갈 수는 없습니다. 가해학생이 자신의 행동에 대하여 책임을 지고 피해학생은 자신의 피해를 당당히 말하고 보호를 받아야 합니다. 그러나 무엇보다도 중요한 것은 관계의 회복입니다.

　가해학생과 피해학생이 학교폭력예방법이 정한 절차를 통해 상처를 입어서는 안 될 것입니다. 모든 절차가 교육적으로 이루어짐으로써 학생들이 갈등해결의 방법을 배우는 기회가 된다면 보다 바람직하겠지요. 갈등은 일어나서는 안 되는 것이 아니라 사람과의 관계에서 생길 수밖에 없는 것임을 인식하고, 현명하게 갈등을 해결하는 방법을 익히기를 바랍니다.

　학교폭력예방법은 2019년 8월 20일에 개정되었습니다. 개정을 하게 된 이유는 학교를 교육의 장으로, 학교폭력을 교육적으로 해결하기 위해서입니다. 학교폭력예방법은 갈등의 교육적 해결을 위해서 계속 진화해 나가야 합니다.

HUMAN RIGHTS

아동학대범죄의 처벌 등에 관한 특례법

꽃으로도 아이를 때리지 마라

4등
2014

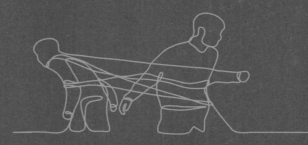

'이 자식들은 내 것이다, 이 재산은 내 것이다.'

어리석은 자는 이렇게 생각한다.

그 자신이 이미 그의 것이 아닌데

어찌 자식과 재산이 그의 것일 수 있으랴.

-부처의 가르침

"진정한 교육자는 아동에게 자신의 생각과 의지를 강요하지 않으며, 아동 자신의 에너지에 호소한다."

세계 유일의 교육 순교자였던 프란시스코 페레가 한 말입니다. 교육자로서 유일하게 사형을 당한 그는 자유교육을 꿈꾸며 '모던 스쿨'을 설립한 진보적인 인물이었습니다. 열린 학교,

작은 학교 등 100년 전에 그가 꿈꾸던 것들이 지금 우리 앞에 놓여 있는데요. 현재 우리나라에서 진행되고 있는 많은 교육적인 실험들은 프란시스코 페레의 자유교육 사상에 닿아 있습니다.

그는 권위에 의한 어떠한 억압과 폭력도 아이들에게 행해서는 안 된다고 생각했는데요. 가장 대표적인 권위의 행태는 폭력이라고 간주하기도 했습니다. 아이에게 사용하는 폭력은 제아무리 선한 명분을 가지고 있다 해도 나쁜 것이라며, 폭력이 필요한 것은 궁극적으로 기존의 권위에 아이를 편입시키려는 의도에서 비롯된 것이라고 보았지요.

이 영화 속의 준호 엄마와 아빠, 그리고 수영코치 광수는 모두 그런 어른들입니다. 그들에게는 1등이라는 등수가 중요하며 그 기존의 가치에 부합하기 위하여 준호는 폭행을 당해도 당연하거나 어쩔 수 없다고 생각한 것이지요. 과연 여러분도 그렇게 생각하나요?

만년 4등을 하는 아이

준호(유재상)는 수영선수를 꿈꾸는데, 대회만 나가면 4등을 합니다. 그래서 엄마는 너무나 속상해하지요. 엄마는 온갖 방법을 동원해 메달을 따게 하려고 노력하다가 코치를 한 명 소개받습니다. 그런데 코치를 소개해 주시는 분이 이미 말씀하십니다. 소개는 해주지만 애가 상처받을까 봐 걱정이라고요. 하지만 준호의 엄마는 펄쩍 뛰지요. 잘 아시면서 왜 그러시냐고 말입니다. 엄마는 아이가 상처받는 것이 중요한 게 아니라 어떻게든 메달을 따는 것이 더 중요하기 때문에 이런 말들은 전혀 귀에 들어오지 않습니다. 심지어 애가 상처를 받더라도 메달로 가릴 것이라는 말까지 하죠. 엄마에게는 등수 앞에서 준호의 존재감 같은 건 없어 보입니다.

코치는 예전에 아시아 기록을 세웠던 국가대표 선수 출신인 광수(박해준)인데요. 자기 밑에서 배우면 메달은 물론이고 대학까지 갈 수 있다고 호언장담을 하지요. 하지만 코치 광수는 첫날부터 PC방에서 빈둥거리고, 준호도 모처럼 게임을 실컷 합니다. 엄마를 속이고 자유를 만끽하며 놀아 보지만 어딘가 마음이 허전하지요. 그러다가 화장실에서 1등을 한 선배를 만나 이렇게 물어봅니다.

"1등하면 기분이 어때요?"

사실 준호도 간절하게 1등을 하고 싶을 것입니다. 그래서 엄마가 좋아하는 모습도 보고 싶을 것이고요. 하지만 준호는 스스로의 노력으로 1등을 할 자신이 없으니 엄마가 시키는 대로 합니다. 광수는 준호를 테스트한 다음에 아이를 지도하기로 마음을 먹습니다. 하지만 광수가 선택한 방법은 체벌이었습니다.

사실 광수가 알고 있는 방법이 그것밖에 없었다고 할 수도 있습니다. 광수는 청소년 시절에 촉망받던 국가대표 수영선수였습니다. 하지만 그는 방탕한 생활을 하고, 심지어 도박에 빠져서 며칠간 훈련에 빠지기도 합니다. 그러다가 코치로부터 체벌을 당하게 되는데요. 100대를 맞아야 하는데 광수는 그만 훈련장을 이탈하고 맙니다.

광수는 그 일을 어떻게 생각하고 있을까요? 매를 맞기 싫어서 수영을 그만뒀지만, 그는 그때 매를 참았어야 한다고 믿습니다. 심지어 자신이 나태할 때 매를 들지 않은 코치를 원망하기도 합니다. 결국 광수는 수영장을 떠나지 못한 채 아이들을 가르치는 동네의 그만그만한 수영코치가 되어 있었지만, 정작 가르칠 만한 재목이 나타나자 폭력을 대물림하게 됩니다.

광수의 체벌은 가혹했습니다. 어린 준호가 1등이라는 달콤한 유혹을 앞에 두고도 감당하기 어렵습니다. 하지만 2등을 하고 난 이후, 준호는 갈등을 하게 되지요. 매를 맞고서라도 1등을 하는 것이 좋을지, 매를 맞지 않고 수영을 그만하는 것이 좋을지 말입니다. 준호가 처음으로 2등을 했을 때 집에서는 파티가 벌어집니다. 부모님이 좋아하는 모습을 보니 선택의 여지가 없어 보입니다. 매는 아팠지만 결과는 달콤했지요.

그런데 준호 역시 동생에게 폭력을 대물림하는 무서운 장면을 연출하게 됩니다. 동생 기호가 수경으로 장난을 치자 체벌을 가하는 것인데요. 체벌의 대물림은 결코 어느 선에서 끝나지지 않을 것이라는 두려움이 들지요. 폭력 가정의 아이가 나중에 폭력을 휘두를 가능성이 크고, 이렇게 체벌을 통해서 성적을 올린 선수들이 나중에 코치가 되면 다시 매를 들 가능성도 생기는 것이지요. 준호의 갈등은 더욱 깊어 갑니다.

내가 1등만 하면 상관없어?

"준호가 맞는 것보다 4등이 되는 게 더 무서워."

엄마는 그렇게 말합니다. 준호가 2등을 했을 때도 외칩니다. "거의 1등"이라고 말이지요. 엄마에게 1등이란 어떤 의미일까요? 스포츠 기자였던 아빠는 준호가 체벌당한 것을 알고 광수 코치를 찾아가서 타협을 시도합니다. 그것은 엄포와 함께

촌지를 주는 것이었지요. 사실 아빠도 1등 앞에서는 어쩔 수가 없었나 봅니다.

아빠와 광수 코치 사이에는 사연이 있습니다. 광수가 선수 시절에 폭행당했을 때 그는 기자였던 준호 아빠에게 연락을 합니다. 하지만 기자는, 맞을 짓을 했으니 맞았을 것이라고 대응하지요. 광수가 도박을 하느라고 연습에 빠졌고, 평상시에도 술을 마시고 나태한 행동을 보였으니 어쩌면 광수야말로 맞을 짓을 해서 코치로부터 맞았는지도 모릅니다.

하지만 세상에 '맞을 짓'이라는 것이 있을까요? 잘못을 저지르거나 실수를 할 수는 있지만 그것을 반드시 매로 다스려야 할까요? 특히 스포츠계에서 선수들을 지도할 때 폭력이 뒤따르는 것은 엄한 체벌이 있어야만 선수들이 시키는 대로 하고 기록을 세울 수 있다는 믿음 때문이겠지요. 광수는 그때의 뒤끝이 남아 있었던가 봅니다. 그래서 통쾌하게 나름의 복수를 하게 되지만, 그래도 마음이 편했을까요?

준호가 수영장에서 햇살을 손에 안으며 혼자 수영을 하는 장면이 나옵니다. 준호는 정말 수영이 하고 싶은데, 1등을 하지 않으면 수영을 할 수 없을 것이라는 생각을 합니다. 엄마는 준호가 1등을 해야 아이가 행복할 것이라고 여깁니다. 그리고 준호는 '난 수영에 소질이 있고, 할 수 있다'고 생각하지요. 하지만 엄마에게 묻습니다. 자신이 맞아서라도 1등을 하면 상관이 없느냐고 말이지요. 엄마는 눈물을 흘리며 "집으로 가자"라고 대답합니다. 엄마의 생각은 이것이겠지요. 네가 원하는 수영을 하기 위해서는 1등을 해야 한다고 말입니다.

하고 싶은 일을 하기 위해서는 왜 꼭 1등을 해야만 하나요? 엄마는 준호를 위하는 것이라고 하지만, 정말로 누구를 위해서일까요? 준호가 광수의 체벌을 견디다 못해 수영을 그만둔다고 하자 엄마는 준호와 단절합니다. "내가 더 열심히 했어, 니가 무슨 권리로 수영을 그만둬!"라고 외친 후에 말입니다. 엄마는 준호의 성공을 위해서라고 믿고 있고, 준호는 '엄마가 원하니까'라고 생각합니다. 그리고 또 우리는 무엇을 위해서 꼭 1등이 되어야 하는 것일까요?

지금은 작고한 최동원이라는 야구선수가 있었습니다. 당대 최고의 스타로, 지금의 류현진 선수처럼 인기가 많았습니다. 그 최동원 선수가 선배나 코치의 체벌로부터 후배들을 지키려 했다는 이야기는 전설처럼 내려옵니다. 스타가 되면 체벌도 당하지 않고 오히려 대접을 받을 것 같은데 그도 체벌을 당했다는 소식을 듣고 참 의아했던 기억이 납니다.

성적지상주의로 앞만 보고 달려온 우리에게 사실은 등수만큼 위대한 것도 없었지요. 금메달을 따지 못했다고 국민들께 죄송하다며 눈물을 흘리는 우리 선수들과 동메달을 땄다고 활짝 웃는 외국 선수들의 대조적인 모습은 늘 우리 가슴에 짐처럼 남아 있었지요. 1등을 한 선수를 차량 맨 앞에 세우고 카퍼레이드도 했고요.

1등이 아니면, 금메달이 아니면 우리가 그들을 받아들여 주지 않았습니다. 그래서 광수와 같은 몰락한 천재가 나오게 되는 것이겠지요. 하지만 앞으로 준호는 그래서는 안 될 것 같지 않나요? 성적을 위해서 체벌을 허용하고, 존엄성도 자존감도 다 버릴 순 없지 않겠어요? 상처뿐인 1등보다 행복한 4등은 불가능할까요?

수영이 하고 싶어요

그래서 준호는 1등을 합니다. 수영이 하고 싶어졌거든요. 광수가 혼자 힘으로 해보라고 했는데, 진짜로 해냈습니다. 어떻게 보면 결국 뻔한 결말이라고 생각할 수도 있지만, 이제 수영의 주인공은 광수나 엄마가 아닌 준호가 된 것이 변화라면 큰 변화이겠지요.

사르트르가 쓴 소설 중에 《구토》라는 작품이 있습니다. 주인공 로캉탱이 자신의 존재감을 찾아가는 내용인데요. 평이하고 무료한 일상 속에서 존재의 의미를 잃고 방황하다가 자기 삶의 주인으로서 살아가야 함을 깨닫는, 실존에 관한 내용을 다루고 있습니다. 가장 인상적인 구절이 "실존은 본질에 우선한다"라는 말인데요. 지금의 모습은 그 이전의 어떤 모습보다도 가장 실체적이며 현실에 가깝다는 말이기도 합니다.

준호의 이야기로 돌아오면, 즉 준호는 그동안 엄마와 광수의 체벌에 의해서 수영을 했지만, 어느 순간 스스로 수영을 하고 있을 때 자신이 가장 빛난다는 것을 알게 됩니다. 그래서 스스로 노력하여 1등을 하고, 그 순간 4등이었던 준호가 아닌 1등으로서 빛나는 준호가 서 있는 것이지요. 자기 삶의 주인이 되어서 성취한 결과는 아름답습니다. 그것은 체벌로 이루어진 얼룩진 상처가 아니라 실존하는 영광이고 보람이겠지요.

이 작품은 성적지상주의에 매몰된 우리나라 엘리트 체육의 현실을 고발한, 국가인권위원회 인권영화 프로젝트 12번째 선정작입니다. 2018 평창올림픽 때도 여전히 선수들의 체벌에 대한 논란이 끊이지를 않았는데, 그 가운데서 체벌을 견디지 못하고 훈련장을 이탈했던 심석희 선수의 이야기가 큰 반향

청소년을 위한 영화 속 인권 이야기

을 불러일으켰지요. 그 사건에는 이 영화 속의 광수와 준호 이야기가 그대로 녹아 있기도 합니다. 또 쇼트트랙에서는 선배의 1등을 위해서 다른 후배들이 희생했다는 기사로 떠들썩하기도 했습니다.

'왕따' 논란도 있었고 많은 이야기가 있었지만, 가장 괄목할 만한 변화는 우리 대중들의 인식이었지요. 1등을 하지 않아도 되니, 체벌하지 마라. 그리고 왕따를 시키거나 상대를 희생시켜서도 안 된다. 정당하게 스포츠맨십을 발휘해라. 이런 국민들의 요구가 빗발쳤습니다. 이것이 큰 변화라고 생각합니다. 이제 우리나라도 국민소득 3만 불 시대에 아직도 오로지 1등, 금메달만 중요하다고 외치는 국민은 없습니다. 우리는 더 이상 체벌로 얻은 등수에 목을 매지 않는 시대를 맞이하고 싶습니다.

칭찬은 고래도 춤추게 한다는데, 꽃으로도 아이를 때리지 말라는데, 정말로 체벌 없이 훈육은 불가능할까요?

체벌은 위법이라는 것을
알고 있나요?

2018년 평창 동계올림픽에서 유력한 금메달 후보로 꼽혔던 쇼트트랙의 심석희 선수가 여자대표팀 코치로부터 전치 3주의 상해를 입는 폭행을 당해 진천선수촌을 이탈했다가 복귀한 일이 있었습니다. 또 2020년에는 철인3종경기 국가대표 선수였던 최숙현 선수가 감독과 운동처방사 및 선배 선수들로부터 폭행 등의 가혹행위로 자살한 사건이 발생했습니다.

영화 〈4등〉에서 김광수는 아시안게임 훈련기간에 도박을 하느라 정해진 날짜보다 10일이나 늦게 선수촌에 복귀했다가 감독에게 심한 체벌을 당합니다. 도저히 참지 못한 김광수는 수영을 그만두겠다며 선수촌을 이탈해 버리지요. 시간이 흘러 준호의 코치가 된 김광수는 간절함이 부족하다며 오리발과 빗자루 등으로 준호에게 체벌을 가합니다.

김광수의 감독이 한 체벌과 김광수가 준호에게 가한 체벌은 신체를 폭행하여 상해를 입게 한 행위로 폭행치상에 해당하고, 처음부터 상해를 입힐 의사가 있었다면 상해죄에 해당하는 것입니다. 또 이런 상해가 상습적으로 이루어졌다면 상습상해죄가 성립합니다.

체벌이라는 핑계로 일어나는 선수들에 대한 폭행

2018년 당시 쇼트트랙 코치가 밝힌 폭행의 이유는 평창올림픽을 앞두고 선수의 페이스를 올리기 위해서였다고 합니다. 영화 〈4등〉에서 감독은 김광수를 때리면서 이런 말을 하죠.

"너 하나 메달 따게 해주려고 얼마나 많은 사람들이 개고생하는 줄 알아! 넌 국가대표 자격이 없어! 나중에 나에게 감사할 날이 올 거야. 네가 죽나 내가 죽나 오늘 해보자."

또 김광수는 준호에게 이렇게 말합니다.

"하기 싫지? 도망가고 싶고? 그때 잡아 주고 때려 주는 선생이 진짜다. 내가 겪어 보니 그렇더라, 대라."

그렇게 폭행을 한 후 김광수는 탈의실에서 준호에게 마사지를 해주면서 이런 말을 합니다.

"나는 감독에게 가장 아쉬운 게, 시합 끝나고 선배들은 빠따를 때렸는데 나는 사무실에서 떡볶이, 순대를 시켜 먹었어. 나는 메달을 따서 안 건드렸는데, 그때 때렸으면 나는 성공했을 거다."

'열심히 하지 않기 때문에 몽둥이를 드는 것'이라고 하면서 말이죠.

쇼트트랙 코치, 영화 속 김광수 선수의 감독, 그리고 준호의 코치가 된 김광수가 말하고자 하는 것은 무엇일까요? 심석희를 위해서, 김광수를 위해서, 준호를 위해서 폭행하여 상해를 입혔다는 것입니다. 이러한 이유로 상해를 입히는 행위가 정당화될 수 있을까요? 아니, 그렇지 않습니다.

문제의 쇼트트랙 코치는 선수 폭행이 알려진 후 직무정지를 받았고, 빙상경기연맹에서 영구 제명되었습니다. 그뿐 아니라 2011년부터 2018년 1월까지 심석희 선수를 포함한 4명의 선수를 폭행한 혐의로 1심에서 징역 10개월을 선고받고 법정 구속되었습니다. 1심의 형량이 과다하다는 취지로 항소를 했지만, 오히려 항소심은 1년 6개월의 징역을 선고하여 확정되었습니다.

재판부는 "피고인은 저항할 수 없는 피해자를 상대로 훈련 태도가 불성실하다는 이유로 주먹과 발로 마구 때려 다치게 했다." "피고인은 경기력 향상을 위한 수단으로 폭력을 사용했다는 취지로 변명한다. 하지만 폭행이 이뤄진 시기, 정도, 결과를 고려할 때 이를 그대로 받아들이기 어렵다." "심석희의 경우 평창올림픽 개막을 불과 20일 앞두고 폭행을 당해 경기력에도 부정적 영향을 끼친 것으로 보인다." "이미 피고인은 기소유예 선처를 받은 전적이 있음에도 폭력을 수단으로 한 지도방식에 대한 반성 없이 선수들을 지도해 현재의 상황에까지 이르게 됐다."라고 판결하였습니다.[14]

학교 체벌 금지

체벌은 신체에 가하는 물리적인 제재로서, 주로 가정이나 학교에서 교육의 목적으로 신체에 고통을 주는 행위입니다. 과거에는 학교에서의 체벌은 교육상 불가피한 경우 허용되었습니다. 그러나 교육적 목적이 아니라 자신의 감정을 제어하지 못한 교사가 손과 발 혹은 도구를 사용하여 모욕적으로 학생의 머리 등을 때리는 일이 발생하게 되자, 학생과 학부모들은 이러한 행위는 체벌이 아니라 폭행이라며 교사를 폭행죄로 고소

---

14   2019. 1. 30. 여성신문 〈'상습폭행' 조재범 전 코치, 항소심서 징역 1년 6개월〉
       https://www.womennews.co.kr/news/articleView.html?idxno=185221

하였고, 법원이 폭행죄를 인정했습니다.

체벌과 폭행의 경계가 모호한 사건들이 발생하면서 체벌 자체를 금지해야 하는지에 대한 논란이 일었습니다. 미성년 자인 학생들을 올바른 길로 이끌기 위해서는 최소한의 체벌이 필요하다는 의견과 학생들의 인권을 존중해 그 어떤 신체적·물리적인 고통도 가해서는 안 된다는 의견이 대립했습니다. 2010년 10월 경기도 학생인권조례가 제정되고, 2011년 3월 초중등교육법 시행령을 개정하면서, 그 후 학교에서의 체벌은 허용되지 않습니다.

체벌은 그 정도가 아무리 가볍다고 하더라도 물리적 폭력이 사용되고, 훈육이라는 이름으로 아동의 신체에 고통을 주거나 불편함을 주는 행위입니다. 아동 또한 성인과 같이 법의 보호 아래 인간의 존엄성과 육체적·정신적으로 온전한 상태를 존중받을 권리가 있고, 모든 형태의 폭력으로부터 보호받을 권리를 가지는데, 성인에게는 절대로 허용될 수 없는 폭력을 법이 훈육이라는 이름으로 아동에게 허용하는 것은 아동의 발달에 장·단기적으로 부정적인 영향을 끼치게 만듭니다.

또한 체벌이 위험한 이유는, 처음 시작했을 때에는 이 정도면 충분히 교육적 효과가 발휘될 것이라 생각하며 회초리 등을 이용해 가볍게 체벌을 가한다 하더라도, 그 이후에 아이가 동일한 행동을 반복했을 때는 그 정도 체벌로는 교육효과가 없어 보이고, 그보다 더 큰 힘을 가하고 더 큰 고통을 주어야 효과적일 것이라는 생각을 하게 된다는 것입니다. 이러한 일이 반복되면 결국은 학대와 같은 심각한 결과를 초래하게 됩니다.

가정 체벌도 금지되어야 한다

가정에서의 체벌은 어떠합니까? 민법 제915조는 "친권자는 그자를 보호 또는 교양하기 위하여 필요한 징계를 할 수 있고 법원의 허가를 얻어 감화 또는 교정기관에 위탁할 수 있다"라고 친권자의 징계권을 규정하고 있습니다. 친권자는 자녀를 보호 또는 교양하기 위해서 필요한 징계를 할 수 있습니다. 징계 방식을 구체적으로 정하지 않아서, 훈육을 목적으로 한 체벌은 허용되는 것으로 인식되고 있지요. 아동에 대한 폭력이 법원의 판단에 따라 '아동학대'가 되기도 하고, 훈육이라는 이름으로 '사랑의 매'가 되기도 합니다.

2020년, 7시간 동안 여행가방에 감금됐던 아동이 사망하는 사건이 발생했습니다. 이때에도 보호자가 훈육이었다고 변명하는 등, 심각한 아동학대 사건에서 아동학대자가 훈육이라는 미명하에 아동학대를 정당화하려고 하는 일이 벌어지고 있지요. 이에 '포용적 가족문화를 위한 법제개선위원회'에서는 민법 제915조를 삭제하고 아동에 대한 부모의 체벌이 금지됨을 민법에 명확하게 규정할 것을 권고하였고, 법무부도 권고를 받아들여 법 개정을 추진할 예정입니다.

친권자에게 법률상 징계권을 부여하는 나라는 대한민국과 일본뿐입니다. 일본 또한 2019년에 징계권 개정을 검토하겠다고 발표했습니다. 그리고 친권자의 자녀체벌금지를 규정한 아동학대방지법과 아동복지법 개정안이 의회에 제출되어 있습니다.

아동 보호자의 책임

다시 영화 이야기로 돌아가, 선수들에게 이러한 폭행이 이루어졌을 때 선수를 보호할 의무가 있는 보호자들의 대처를 한번 살펴보도록 하겠습니다.

준호의 엄마는 준호의 성적을 올려 줄 지도자를 찾으면서 김광수 코치가 준호에게 상처를 줄 수도 있다는 경고를 듣지만, "준호의 상처를 메달로 가릴 것"이라고 말하지요. 준호의 동생이 형의 몸에 생긴 상처를 보고 엄마에게 알리지만 엄마는 이를 모른 척합니다. 준호가 잠들어 있을 때에 상처를 확인해 보지만 아무런 말도 행동도 하지 않습니다.

아빠도 준호의 몸에 난 상처를 알게 됩니다. 하지만 김광수 코치를 찾아가 돈을 주고 다시는 그러지 말 것을 경고할 뿐입니다. 과연 돈으로, 협박으로 김광수 코치의 폭행을 막을 수 있을까요?

김광수 코치는 선수를 위해서 때려야 한다고 생각하는 사람이고, 준호 또한 아빠에게 자기가 정신을 차리지 않아서 그렇게 된 거라고 하며 코치의 폭행을 스스로 정당화시켜 주고 있습니다. 이런 상황에서 돈을 주고 경고를 하는 것으로 준호의 보호자로서의 역할을 충분히 했다고 할 수 있을까요? 그렇지 않습니다.

다른 코치를 알아보자는 아빠의 말에 엄마는 이렇게 말합니다.

"난 솔직히, 준호가 맞는 것보다 4등하는 게 더 무서워."

김광수 코치의 폭행은 더욱 흉폭해지고, 생명의 위협까지 느낀 준호는 수영복 차림으로 수영장을 벗어나 아버지에게로 피신합니다.

준호 부모님들의 행동은 어떻게 평가할 수 있을까요? 준호가 폭행을 당하여 상해를 입었다는 것을 발견한 순간 두 사람은 어떻게 했어야 할까요? 당연히 준호의 보호자로서, 준호를 코치로부터 보호하기 위한 조치를 취해야 합니다. 가장 먼저 준호를 코치로부터 분리해야 합니다. 그리고 코치의 폭행과 아동학대행위를 아동보호전문기관 또는 수사기관에 신고해야 합니다. 그리고 코치에게 18세 미만의 선수를 때리는 행위는 '아동학대범죄의 처벌 등에 관한 특례법'상 아동학대 등으로 처벌될 수 있음을 알려야 합니다.

준호를 폭행의 상황에 방치한 준호 부모님의 행동은 '보호자가 아동을 방임'하는 것으로, 아동학대에 해당할 수 있습니다. 또 김광수 코치의 행위를 묵시적으로 용인하여 그 행위를 돕는 것으로, 코치의 아동학대에 대한 방조죄로 처벌을 받을 수 있습니다.

아동이 보내는 위험신호

심석희 선수의 경우로 다시 돌아가 봅시다. 사람들은 심석희 선수에게 어떤 일이 일어나고 있었는지 알지 못했습니다. 심석희 선수가 선수촌을 이탈해 있는 동안 문재인 대통령이 진천선수촌을 방문하였고, 이때 심석희 선수가 훈련장에 나타나지 않아 코치의 폭행이 공론화된 것입니다.

코치의 상습상해 등 재판에서 심석희 선수는 이렇게 증언했습니다. "두려움과 공포에 억압돼 저항하거나 주변에 알리지도 못하고 있었다. 이렇게 된 건 피고인이 부모님이나 다른 사람에게 알리지 못하도록 했고 알리면 너는 끝난다는 식으로 어렸을 때부터 세뇌시키듯 교육시켰던 게 가장 컸다. 무엇보다 올림픽을 인생 최대 목표로 하는 국가대표 삶에 불이익이 생길까 두려웠다."라고 말이지요.

성인이 훈육이라는 이름으로 합리화하여 아동에게 가하는 폭력에 대해, 아동이 저항하고 이를 신고하여 폭력을 멈추게 하는 것은 쉽지 않습니다. 학교에서는 금지되었으나 가정이나 스포츠 현장에서는 여전히 자연스럽게 이루어지고 있는 체벌로 인해 지금도 많은 아동들이 고통받고 있습니다.

아동이 가정에서의 폭력을 도저히 견디지 못하여 직접 경찰서에 신고하는 경우에도, 경찰은 아동의 진술보다 보호자의 허위진술 등을 더욱 신뢰하여 아동을 위험한 곳으로 다시 돌려보냅니다. 아동이 위험에 대해서 신호를 보냈음에도, 죽음에 이르러서야 그러한 위험이 존재했다는 것을 인정하게 되는 것입니다.

아동의 문제에 대해서는 좀 더 세심한 살핌이 필요합니다. 아동의 의사를 존중하지 않는 풍토는 개선되어야 합니다. 아동이 몸으로, 말로 조금이라도 위험의 신호를 제3자에게 보낸다면, '아동학대범죄의 처벌 등에 관한 특례법' 제10조 제2항의 신고의무자들은 아동보호전문기관 또는 수사기관에 즉시 신고를 하여 지속적인 폭력으로부터 그 아이를 구해 내야 할 것입니다. 또 국가는 모든 방법을 동원하여 아동학대의 상황에 놓인 아동을 발견할 수 있도록 해야 할 것입니다.

UN 아동권리위원회는 대한민국 정부에 가정, 학교 및 모든 여타 기관에서 체벌을 명백히 금지하도록 관련 법률과 규정을 개정할 것을 권고했습니다. 그리고 아동권리위원회의 모든 형태의 폭력으로부터 자유로울 아동의 권리에 관한 일반논평 13호(2011)는 폭력을 '모든 형태의 신체적 또는 정신적 폭력, 상해나 학대, 방임이나 박대, 성적 학대를 포함한 혹사나 착취'를 의미하는 것으로 보고, 어떠한 아동폭력도 정당화될 수 없으며 아동폭력은 예방이 가능하다고 보고 있습니다.

가정, 학교, 그리고 다른 어떠한 곳에서도, 모든 형태의 폭력은 어떠한 이유를 막론하고 금지되어야 합니다. 따라서 체벌은 금지되어야 합니다.

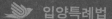
입양특례법

떠남을 강요당한 아이들

여행자

2009

버려졌을 때의 장점이란
여행을 할 수 있다는 것이다.
−전정식(작가)

"어머니, 당신에게 그동안 제가 이루어 놓은 것들을 보여 드리고 싶어요"

한때 우리 모두의 심금을 울렸던 이 말은, 입양아인 한국계 미국인 브라이언 성덕 바우만이 귀국하여 자신의 어머니를 애타게 찾을 때 했던 말입니다.

1996년 1월경, 3세 때 미국으로 입양된 그는 만성 골수성 백혈병에 걸려서 한국을 찾게 되었고, 우여곡절 끝에 골수이식을 무사히 마치고 미국으로 돌아갔습니다. 당시 그는 골수이식을 해야만 살 수 있었고, 그래서 혈육인 어머니를 찾아 한국으로 왔지만 끝내 어머니를 만날 수가 없었습니다. 좌절 끝에, 그의 사연을 접한 20대 청년이 골수를 기증하여 이식에 성공하게 됩니다. 그는 미국인이지만 한국인이었고, 그래서 그에게 맞는 골수를 찾는 일도 한국에서 가능한 것이었지요. 다행히 우리는 단일민족이라 다민족 국가인 미국에 비해 비혈연 관계에서도 조직 적합성 항원이 일치할 가능성이 높아서, 그는 무사히 생명을 건질 수가 있었던 것입니다.

한국인 성덕. 바람 앞의 촛불처럼 생명이 꺼져 갈 때 그를 살린 것은 한국인이라는 핏줄입니다. 하지만 우리는 그를 '수출'하였고, 그는 지금까지도 미국인으로 살고 있습니다. 1955년부터 20만 명 이상의 아이들이 해외로 입양되고 있으며, 한때는 OECD 국가 중 유일하게 '고아 수출국 1위'라는 불명예를 안은 적도 있는 우리에게 해외입양이란 어떤 의미일까요?

버려진 아이

아홉 살 소녀 진희(김새론)는 아빠와 소풍을 나온 줄 알았는데, 어디엔가 자기를 데려다 놓고 아빠는 아직도 돌아오지 않고 있습니다. 아빠가 곧 데리러 오겠다고 했는데, 이곳은 도대체 어디일까요?

이 영화를 만든 우니 르콩트 감독은 아홉 살 때 해외로 입양을 갔습니다. 한국에서 프랑스로 입양되기 전에는 가톨릭 수녀들이 운영하는 서울의 성 바오로 고아원에서 1975년에서 1976년까지 생활을 했는데요. 이 작품은 그때의 경험을 바탕으로 만들어졌습니다.

그러니까 진희가 덩그러니 남겨진 곳은 고아들을 돌보는 곳으로, 아이들은 이곳에서 머물다가 여기저기 낯선 나라로 입양이 되어서 간 셈이지요. 감독에게 그곳은 어떤 기억으로 남아 있을까요? 어쩌면 진희가 느끼는 외로움, 고립감, 두려움은 감독이 느꼈던 감정이 아닐까 생각합니다.

그곳에는 진희와 비슷한 처지의 아이들이 많이 모여 있었지만, 그 누구하고도 섞이거나 말을 하고 싶지 않았던 진희는 탈출을 하게 됩니다. 보육원의 대문 꼭대기에 올라간 진희는 자신이 돌아갈 곳이 없다는 것을 알고 있을까요?

밥을 버리고, 옷을 갈아입지도 않고, 먹을 것도 욕심내지 않는 진희의 마음 안에는 이런 외침이 있었을 것입니다. '난 우리 아빠가 데리러 올 거야. 그러니까 너희들과 달라.'라고 말이지요.

아빠는 재혼한 새엄마와 사이가 좋아 보였습니다. 새엄마는 진희의 동생을 낳았고 할머니와 아빠, 새엄마가 식사를 하는 동안 진희는 동생을 돌보고 있었습니다. 동생이 예뻐서 안아 보려고 했던 것인데, 실수로 손에 들고 있던 옷핀이 아이의 다리를 찌릅니다. 그런데 어른들은 진희가 동생을 죽이려 했다고 생각하는 듯해요. 그래서 어쩌면 아빠가 자신을 데리러 오지 않을 것 같습니다.

그런 것을 보면 진희는 '난 아빠가 있어, 하지만 아빠는 오지 않을 거야…'라는 것을 알고 있는 것처럼 보이기도 합니다. 보모(박명신)에게 혼이 나면서도 진희가 억지로 버티는 것은 버림받았다는 현실을 인정하고 싶지 않아서였겠지요.

어느 겨울밤, 차가운 부엌 바닥에 앉아 커다란 밥솥 안에 눌어붙은 딱딱해진 누룽지를 드득드득 긁어 먹습니다. 식어서 굳어 버린 누룽지처럼 아빠의 마음도 단단하게 굳었나 봅니다. 그때 툭— 하고 한 방울의 눈물이 굴러떨어집니다. 이렇게 아빠를 마음에서 보내야 한다는 것을 알게 되었겠지요.

진희는 곧 그곳에도 사람들이 있다는 것을 깨닫습니다. 숙희(박도연)와 예신(고아성) 등을 만나서 진희는 마음을 열게 됩니다. 동병상련의 마음일까요? 아이들이 모여서 화투로 점을 보는 것도 재미나고, 예신 언니가 연애를 하는 것도 흥미롭습니다. 그리고 숙희가 소녀에서 숙녀가 되는 비밀을 지켜본 이후, 두 아이의 관계도 급속도로 가까워집니다. 버림받은 자신들의 처지를 알기라도 하듯 진희와 숙희는 아픈 참새를 보살피기도 하고, 새로운 관계에서 희망을 엿보게 됩니다.

하지만 아빠가 그랬듯 새로운 관계를 맺은 아이들도 하나둘 진희를 떠나가기 시작합니다. 아이들은 마치 약속이라도 한 듯 똑같은 절차를 거쳐 낯선 땅으로 얼굴도 모르는 새 부모를 찾아 떠났습니다. 그리고 우리는 그렇게 떠난 아이들을 까맣게 잊고 있다가 불쑥 자라서 성인이 된 그들이 고국을 찾아오면 잠시 관심을 기울일 뿐이었습니다. 그들이 무엇을 먹고, 어떤 말을 하며, 어떻게 어른이 되었는지는 모른 채, 입양은 어느새 우리에게 '좋은 것'이라는 생각이 자리 잡게 되었는지도 모릅니다.

아이들 파는 나라

'한국의 국제입양 실태에 관한 보고서'라는 부제가 붙은 책 《아이들 파는 나라》는 우리나라의 해외입양 문제를 다루고 있습니다. 한국은 어떻게 세계 최대 아동 수출국이 되었는지에 대한 의문으로 시작한 이 책은 국내에서 태어나 살고 있는 두 작가와 1972년에 해외로 입양된 한 사람이 힘을 모아서 쓴 책입니다.

해외로 입양만 가면 좋은 집에서 배불리 먹고 높은 수준의 교육을 받아서 명망 있는 사람의 모습으로 한국을 찾는 해외입양아들. 그래서 우리는 해외로 우리 아이들을 보내는 것을 잘한 일이라고 스스로 위안하며 살았을지도 모릅니다. 하지만 파양과 학대, 그리고 자살로 내몰리는 무수히 많은 우리의 아이들에 대해서는 눈을 감고 진실을 외면해 왔습니다. 이 책은 그런 불편한 진실을 우리에게 말하고 있습니다. TV에 나와서 한국인이지만 한국말을 모르는 입양아들이 부모를 찾고 있는 동안, 성공하지 못하고 버림받거나 혹은 성공을 했더라도 자신의 정체성을 알지 못하는 입양아들은 모두 어디에서 무엇을 하고 있을까요?

영화 속의 예신 언니는 연애가 뜻대로 되지 않자 그만 스스로 삶을 끝내고자 했습니다. 장애인인 예신은 설 자리가 없었지요. 몸이 불편한 그녀를 누가 양녀로 쉽게 데려가지도 않겠지만, 양부모가 자신을 식모(지금으로 하자면 입주 가사도우미가 되겠군요)로 데려가려는 것이라고 지레짐작하고 있습니다. 그래서 예신은 '오빠'에게 더욱 희망을 걸었습니다. 보육원은 때가 되면 나가야 하는 곳이었기 때문에 입양이 되지 못하는 예신은 어딘가에 희망을 걸어야 했습니다. 하지만 그 통로가 막히자 그녀는 막다른 선택을 시도하지요.

그리고 하나둘 아이들은 동무들의 환송을 받으며 낯선 서양 사람들을 따라서 보육원을 나섰습니다. 진희와 친하게 지내던 숙희는 양부모의 마음에 들기 위해 영어 공부를 열심히 했고, 그 결과 미국으로 입양을 가게 됩니다. 아이들에게 지상 최대의 과제는 낯선 곳으로 입양을 가는 것이었고, 그것만이 최선이라고 생각했습니다. 이제 영화 속의 진희도 그렇게 믿기 시작합니다.

우리나라에서 태어났지만 이 땅에서 살지 못하고 머나먼 이국으로 떠난 아이들을 우리는 한동안 잊고 살았습니다. 가끔 TV에 나와서 부모를 찾는 해외입양아들은 어딘지 모르게 성공한 삶을 사는 듯이 보였습니다. 전쟁 이후에는 해외입양이 최선이라는 생각을 하기도 했습니다. 그래서 끊임없이 아이들을 상자에 차곡차곡 채워 넣고 비행기에 태워 머나먼 나라로 '수출'하였습니다.

청소년을 위한 영화 속 인권 이야기

어느 순간, 우리 앞에 그들이 나타나 이건 아니라고 외치기 시작했습니다. 해외입양을 간 아이들의 외롭고 고단한 삶이 하나둘 우리의 시선을 끌기 시작했고, 비로소 우리는 그동안 이 아이들에게 무슨 짓을 했는지 돌아보게 되었습니다. 책으로, 영화로, 그리고 온몸으로 그들은 자신이 걸어온 서러운 길을 토로했습니다. 이 영화의 감독인 우니 르콩트나 《피부색깔=꿀색》이라는 만화로 한국을 찾았던 전정식 작가, 또 〈수잔 브링크의 아리랑〉과 같은 작품들이 잠자고 있던 우리의 심장을 두드렸지요. 억지로 감추고 있던 치부가 하나둘 세상으로 나오기 시작했습니다.

국가란 무엇인가

전홍기혜와 이경은 그리고 국제입양아 출신인 제인 정 트렌카 세 사람의 공저인 《아이들 파는 나라》에서는 국제입양(이 책에서는 해외입양보다 국제입양이라는 표현을 씁니다)의 숨은 주범으로 국가를 지목합니다. 국가가 묵시적으로 동의했고, 심지어 지원금까지 지불하면서 아이들을 파는 것에 동참합니다. 그래서 전 세계 국제입양인의 약 절반이 대한민국 출신이라는 통계치는 저자나 독자인 우리를 모두 당황하게 합니다.

유시민 작가는 그의 저서 《국가란 무엇인가》에서 이렇게 말합니다.

"국가를 탄생시킨 사회계약의 목적은 내부의 무질서와 범죄, 외부 침략의 위협에서 사람들의 생명과 안전을 지키기 위해서다. 이것이 국가를 만든 유일한 목적이다."

하지만 그 국가는 아이들을 지키지 못했고, 진희와 숙희 같은 아이들을 모두 해외로 보냈습니다. 벨기에로 입양을 갔던 전정식 작가에 의하면, 당시 벨기에(혹은 유럽)에서는 마치 반려동물을 키우듯 해외 아동을 입양하는 것이 유행이었다고 합니다. 한쪽에서는 마치 사치품을 걸치듯 해외입양을 통하여 자신의 삶을 외부로 드러내는 일에 열중이었고, 다른 한쪽에서는 지원금을 줘서라도 해외로 아이들을 팔기 위해 안간힘을 쓴 셈이지요. 행복했을 수도 있겠지만 때로 그에 따른 혹독한 결과는 고스란히 아무것도 모르는 우리 아이들이 뒤집어쓴 셈입니다.

아직도 우리는 미혼모나 한부모 아이들, 혹은 베이비박스에 버려지는 아이들에 대한 사회적인 이해나 지원이 제대로 정착되지 않은 상태입니다. 나아가 미혼모의 경우에 차라리 아이들이 국제입양을 가기를 바라는 경우도 있었습니다. 입양을 터부시하는 한국보다야 외국으로 나가서 훌륭한 양부모 밑에서 양질의 교육을 받고 잘 성장하는 것이 좋겠다는 생각에서지요.

어른들은 모릅니다. 배를 곯아도, 제대로 배우지 못해도 같은 피부와 언어를 쓰는 내가 태어난 조국에서 살고 싶은 그들의 마음을 말이지요. 진희는 공항에서 웃으며 떠났습니다. 진희의 앞에 어떤 삶이 놓여 있는지 우린 모르고, 알 도리도 없으며, 실은 알고 싶지도 않을 것이라 생각합니다.

진희는 삶의 의미를 상실하고 스스로 무덤을 파고 들어가봅니다. 영화 속 아이들의 극단적인 선택이나 삶은 일반적이지는 않습니다. 그래서 어쩌면 가까이 와닿지 않을 수도 있겠네요. 하지만 중요한 것은 국민소득 3만 불의 시대에 더 이상 우리 아이들이 해외로 수출되는 일만은 없어야 한다는 것입니다.

아동은 보호가 필요한
권리의 주체

사람이 태어난 후 성인이 될 때까지 스스로 자립하기 위해
서는 보호자의 보호가 필요합니다. 대한민국 민법은 만 18세
까지의 아동을 미성년자로 정하고 있습니다. 보호자가 아동의
보호를 포기하면 아동은 생존권을 위협받습니다. 보호자가 아
동을 보호하지 않으면 그 아동은 아동양육시설에서 17세까지
생활하게 됩니다.

1950년 전쟁 이후에는 많은 아동들이 부모를 잃어버리거나
부모로부터 버려졌습니다. 그때는 아동양육시설을 보육시설
이라고 불렀는데, 영화에 나오는 보육원과 같은 곳입니다. 당
시 보육시설은 버려진 아동을 해외로 입양 보내는 통로이기도
했습니다. 자신을 버린 부모를 찾을 방법이 없고, 보육원에 오
래 머물 수도 없는 상황에서 아동들이 갈 수 있는 길은 하나뿐
이었습니다. 주인공 진희도 아버지가 다시 자신을 데리러 온다
는 희망으로 보육원을 떠나지 않겠다고 여러 번 말하지만, 결

국 입양을 선택해 외국으로 떠나게 됩니다. 아버지가 자기를 데리러 오지 않으리라는 것을 깨닫게 된 것이지요.

가난한 가족과 함께 살면서 경제적으로 고통받는 것보다 부유한 외국으로 가는 것이 버려진 아동을 위해 더 나은 선택이라고 말하는 사람들도 있습니다. 그리고 언론은 해외입양을 간 사람들의 성공사례를 보도합니다. 전혀 다른 언어와 문화, 전혀 다른 생김새로 인해 그 아동들이 겪는 고통에 대해서는 크게 관심을 두지 않습니다.

진희는 마지막까지 아버지의 따뜻한 등을 떠올립니다. 아이들에게 가장 필요한 것이 무엇일까요? 경제적으로 풍족한 삶을 제공받는 것이 최우선일까요? 저의 생각은 다릅니다. 경제적으로 곤궁하더라도 가족과 함께 사는 것이 아동에게 가장 필요합니다. 그래서 무엇보다 원가정, 즉 태어난 가정에 대한 지원이 중요합니다.

지금까지의 정책은?

그동안의 정부정책을 살펴보면, 전쟁 직후에는 해외입양을 장려하여 아이 수출국이라는 오명을 쓰기도 했습니다. 현재는 국내입양을 장려하기 위해 정부에서 경제적인 지원을 하고 있습니다. 입양아동이 만 16세가 될 때까지 양육수당을 지급하고, 만 18세 전까지 의료비를 전액 지원하며, 심리치료에 대해서도 지원을 하고 있습니다.

또 부모가 없는 상황에서 조부모가 가정위탁을 신청하는 경우가 흔히 있는데, 이때도 정부가 지원을 하고 있습니다. 그런데 많은 경우 생활능력이 부족한 조부모가 한 아동을 돌보는데는 턱없이 부족한 지원금입니다. 오히려 아동양육시설에 맡겼을 때 더 많은 지원금이 제공되고 있는 실정이어서, 많은 아동이 혈육으로부터 돌봄을 받지 못하고 시설로 보내지는 결과를 초래합니다.

그렇다면 미혼모나 한부모 아동에 대한 지원은 어떠할까요? 다행히 2019년에 한부모가족 지원이 확대되었습니다. 그러나 입양의 경우 소득과 무관하게 양육수당을 지원하는 데 비해, 한부모가정의 경우 중위소득 52% 이하로 자격을 제한하고 있지요. 이러한 정책은 사실상 미혼모를 포함한 한부모에게 양육 포기를 권장하는 정책입니다.

대한민국은 국내입양의 경우보다 한부모가정에 대한 지원이 더 부족한 점에 대해 UN으로부터 제도를 수정해야 한다는 권고를 받았고, UN 아동권리위원회로부터는 청소년 미혼모를 포함한 미혼모에게 충분한 지원을 하라는 권고를 받았습니다.

양육비 대지급 제도

아동이 원가정에서 자랄 수 있도록 돕는 정책을 만드는 것이 가장 시급합니다. 미혼모나 한부모는 '양육비 대지급 제도'를 도입해 달라고 국가에 요청하고 있습니다. 양육비 대지급 제도란, 양육비를 부담해야 하는 비양육자가 양육자에게 제때 양육비를 지급하지 않은 경우 국가가 대신하여 양육비를 지급해 주고, 후에 비양육자에게 회수하는 제도입니다.

아동의 양육비는 아동의 생존을 위해서 반드시 필요한 것으로, 양육을 하지 않는 일방의 부나 모는 양육비를 부담해야만 합니다. 경제력이 있음에도 양육비를 지급하지 않으려고 편법을 쓰는 비양육자와 경제력이 없는 비양육자로 인해서 양육비를 지급받지 못하는 미혼모나 한부모가 많은 경우 양육을 포기하고 아이를 아동양육시설에 보내고 있습니다.

대한민국 법원은 과거의 양육비 청구도 받아들여 시간이 지나서라도 비양육자가 양육비를 지급해야 한다고 판결하고 있고, 양육비이행관리원을 설립하여 양육자가 양육비를 지급받을 수 있도록 소송 등을 지원하고 있습니다. 하지만 양육비는 아동이 성장하는 시기에 지급되어야 합니다. 또 양육비 지급을 확실히 담보하지 못하는 양육비이행관리원의 조력이 그다지 실효적이지 못한 실정입니다.

아동이 성장한 후에 과거의 양육비를 청구하여 받는 것보다 성장하는 시기에 지급받아 아동이 경제적으로 힘들지 않고 편안한 환경에서 성장발달하도록 하는 것이 무엇보다 중요한 일이겠지요. 아동의 당연한 권리인 양육비를 지급받지 못하고 진이 빠져서 낙담하는 상황을 더 이상 방치해서는 안 될 것입니다.

현행 '양육비 이행확보 및 지원에 관한 법률' 제14조에 따라서, 양육자는 양육비가 지급되지 않아 자녀의 복리가 위태롭게 되었거나 위태롭게 될 우려가 있는 경우에 한시적으로 양육비 긴급지원을 받을 수 있습니다. 그 지급기간은 원칙적으로 9개월을 넘지 않고, 자녀의 복리를 위하여 추가지원이 필요한 경우에는 3개월의 범위에서 연장할 수 있도록 하고 있습니다. 현행법은 한시적 양육비 긴급지원, 즉 한시적으로 까다로운 요건 하에 양육비 대지급 제도를 인정하고 있는 것입니다.

다행히 2020년 7월, 양육비 채무자가 정당한 사유 없이 채무를 이행하지 아니한 경우에 양육비이행관리원의 장이 양육비 채권자의 자녀가 성년이 될 때까지 양육비를 대지급하여 미성년 자녀를 양육하는 부 또는 모의 안정적인 양육 환경을 조성한다는 내용을 골자로 하는 개정안이 발의되었습니다.

해외입양의 그늘

미국에서 다시 대한민국으로 추방된 입양아들이 있습니다. 그중 몇몇은 고국으로 돌아와 쓸쓸하게 죽었습니다. 한국어를 잘하지 못하고 한국 문화에도 익숙하지 않은 그들은 아는 사람 하나 없는 한국에서 죽음을 선택했습니다.

우리는 잊고 있었습니다. 아니, 관심조차 없었습니다. 그들이 입양된 후 어떠한 삶을 살았는지. 입양아들 중에서 특별히 잘된 사례들만 보며 '입양은 선한 것'이라는 명제에 모두 동의하고 있었습니다.

우리는 방송을 통해 그들이 성인이 되어 자신의 정체성을 찾기 위해 대한민국으로 돌아와 부모를 찾는 과정을 지켜보았습니다. 입양기관은 대한민국의 아동을 외국으로 보내며 돈을 벌었는데, 그 입양기관에서 근무했던 종사자들이 현재는 자신의 뿌리를 찾기 위해 찾아오는 입양아들에게 고국을 보여 주는 상품을 개발하여 돈을 벌고 있습니다. 이것이 우리의 민낯입니다.

국가에 대한 손해배상소송

최근에 미국에 입양되었으나 학대를 당하고 미국 시민권조차 취득하지 못하여 강제 추방된 애덤이 대한민국과 입양기관을 상대로 손해배상소송을 제기하였습니다.

그는 세 살에 미국으로 입양되었습니다. 대한민국은 한국전쟁 직후부터 2013년도까지 미국으로 입양되는 아동들을 'IR-4' 비자로 해외입양을 보냈지요. 'IR-4'(orphan to be adopted in U.S. by U.S. citizen) 비자는 미국 시민에 의해 미국에서 입양될 예정인 고아에게 주어지는 비자입니다. 이 비자를 받은 아동은 입양이 아니라 입양 예정으로 미국으로 이주한 것이기에, 양부모에게 2년 동안의 후견권이 주어지고, 입양 예정인 아동과 양부모는 미국에서 별도의 입양재판을 해야 법적으로 부모자식 관계가 만들어집니다. 애덤도 이 'IR-4' 비자로 미국에 보내졌습니다.

대한민국과 미국 간에는 양부모가 아동을 직접 만나 입양절차를 밟지 않고 입양기관이 양부모를 대리하여 입양절차를 밟을 수 있는 대리입양 관행이 있었습니다. 미국이 1961년 이민법을 개정하면서 대리입양을 원칙적으로 금지시켰지만, 대한민국이 고아입양특례법을 제정하면서 대리입양을 법제화함으로써 한미 간의 대리입양 관행은 유지되었지요. 이에 따라 아동들은 'IR-4' 비자를 가지고, '입양된' 아동이 아니라 '입양될' 아동으로 미국으로 이주하게 되었습니다.

청소년을 위한 영화 속 인권 이야기

애덤은 고아가 아니었지만 대리입양의 허점으로 인해 고아 호적을 만들어 고아로 둔갑시킨 경우였습니다. 입양부모는 직접 대한민국에 와서 입양절차를 밟지 않아 이러한 사실을 알지 못했습니다. 애덤은 미국으로 이주하여 그곳에서 터전을 잡았음에도 미국 시민권을 취득하지 못해 결국 추방되기에 이르렀습니다.

이러한 일을 방지하기 위해서는 입양부모가 대한민국에서 직접 입양절차를 진행하고, 가정법원의 입양재판 절차에도 참여하여, 출생국인 대한민국에서 입양이 완료된 아동에게 부여되는 'IR-3'(orphan adopted abroad by U.S. citizen) 비자를 받아 미국으로 입국하도록 해야 합니다.

애덤은 대한민국으로 추방되었을 때 한국말을 전혀 하지 못해서 한국 생활에 굉장한 어려움을 겪었습니다. 현재도 어려움 속에 있는 것은 마찬가지입니다. 한국인의 얼굴을 하고 대한민국 국적을 가지고 있으나 한국말을 잘할 수 없고, 한국 문화에 대해서도 잘 알지 못합니다. 그러한 애덤이 대한민국에 정착하기란 쉽지 않습니다. 경제적 독립을 위해서 가장 중요한 일자리를 구하는 것부터 어려울 것입니다.

애덤은 미국에 배우자와 3명의 아이가 있지만, 2016년에 추방된 후 10년간 미국에 입국할 수 없어, 가족들을 그들에게 가장 편안한 장소인 미국에서 만날 수 없는 상황입니다.

이제는 국가에 책임을 물어야 할 때가 왔습니다. 아이들을 미국으로 입양시켰다면 최소한 그들이 시민권을 확보하여 어떠한 경우에도 추방되지 않고, 그들의 자의가 아니었으나 그들의 생존 터전이 된 미국에서 잘 살아갈 수 있도록 해주었어야 합니다. 미국인으로 살았으나 시민권을 확보하지 못하여 여전히 대한민국 국민인 그들이 이곳으로 추방되는 일을 막기 위해서, 그동안 국가가 해야 할 일을 하지 않은 것에 대한 책임을 반드시 물어야 할 것입니다.

"박변은 청소년 변호사가 되세요"

최하진

어느 날, 젊은 변호사들이 주축이 된 '회복적 대화모임'이라는 공부 모임에 참석하게 되었습니다. 제가 할 일은 좋은 영화를 소개하며 영화가 청소년들의 삶에 어떤 영향을 끼칠 수 있을지를 생각해 보는 것이었는데요. 그 모임을 하면서 세상에는 좋은 어른이 되려는 이들이 정말 많구나, 그리고 우리의 이런 노력이 모여서 세상도 조금씩 변해 가겠구나 생각했습니다. 그곳에서 박인숙 변호사를 만났습니다. 그리고 저는 불쑥 박변에게 '청소년 인권 변호사'가 되어 달라는 기대감을 건넸습니다.

저뿐만 아니라 많은 어른들이 저와 비슷한 생각을 하여 서울소년원에는 각 분야에서 재능기부를 하는 분들이 많았습니다. 모든 아이들이 그런 것은 아니었지만, 일부 아이들은 〈영화와 글쓰기〉 강의에 무척 몰입하여 큰 변화를 보이기도 했는데요. 무서운 문신을 한 아이도, 폭력 성향이 다분한 아이도 다

예뻤습니다.

그런데 당시 봉사를 하면서 실로 잊지 못할 중대한 사건을 맞닥뜨리게 됩니다. 유독 책 읽기를 좋아하던 아이가 소년원에서 퇴원 후에 다니던 학교로 돌아가지 못하고 집에서 멀리 떨어진 학교에 가게 되었습니다. 그곳에서 아이는 부당하게 폭력을 당했지만 소년원 출신이라는 굴레와 당시 학교 내에 내재하던 여러 불합리한 상황 때문에, 결국 피해자인 이 아이가 학교를 그만두는 황당한 일이 벌어졌습니다.

너무 억울하고 슬퍼서 부모님은 계속 제게 연락을 하셨고, 저는 아이를 도와줄 청소년 전문 변호사를 찾았지만, 주변에서 무료로 아이를 위해 변호해 줄 변호사를 찾는 것은 쉬운 일이 아니었습니다. 선한 의도로 아이들에게 인문학을 얘기해 줄 수는 있었지만, 현실적인 도움이 되지 못한다는 생각에 좌절하였습니다. 그리고 전문 변호사를 찾기도 어려웠지만, 이런 현실을 담아낸 책도 그리 많지 않다는 생각을 하게 되었습니다.

이후에 박인숙 변호사를 만났고, 지난해 겨울 저는 박변에게 '영화와 법'을 가지고 책을 내자고 제안했습니다. 청소년 아이들을 둔 부모님이나 교사, 그리고 주인공인 그 아이들이 읽을 수 있는 법 이야기가 필요하다고 생각했습니다. 친숙한 영화를 통하여 법을 만난다면 좀 더 다양한 고민을 할 수 있지 않을까요? 한편으로는 누구나 쉽고 가까운 곳에서 법을 만나고 인권이라거나 정의, 우리 사회 안전망 같은 것들을 고민하기를 바랐습니다.

청소년을 위한 책들이 차고 넘치도록 많습니다. 그 가운데서 이 책의 역할이 무엇일까, 생각을 해봅니다. 다만, 우리 사회가 고민해야 할 가치와 인권의 문제, 나아가 청소년들이 스스로의 자아와 권리에 대해서 고민할 기회를 가진다면 참 보람이 있겠다, 하는 생각이 듭니다.

이 책을 위하여 많은 분들이 애를 쓰셨지만, 대전지방법원 김진혜 부장판사님의 꼼꼼한 감수가 큰 힘이 되었습니다. 이 책이 교실이나 도서관 한 켠에서 독자들의 손으로 건너가, 우리 사회가 공동으로 고민해야 할 문제에 대해서 같이 머리를 맞대어 주신다면 크나큰 보람이고 영광일 것입니다. 감사합니다.

"4주가 어느새
7년이 되었습니다"

박인숙

재미있는 직장을 다니다가 이러한 삶을 계속 살 수 없겠다는 생각과, 지금까지와는 다른 삶을 살고 싶다는 갈망이 생겨 저에게 맞는 다른 직업을 찾게 되었습니다. 의사, 한의사 등의 직업을 두고 고민하다가, 문제가 생기면 밤새 고민을 해서라도 해결하는 저의 성격을 잘 아는 사람의 추천으로 아무 생각 없이 사법고시를 시작하였습니다. 그리고 힘겨운 과정을 거친 후 사법연수원에 들어가게 되었고, 그곳에서 서울소년원을 알게 되었습니다.

처음에는 4주 검정고시를 가르치는 아주 단순한 봉사였습니다. 일산에서 의왕시를 가는 것이 가장 큰 어려움이었으나 다행히 자동차를 갖고 있어서 다른 동기보다는 조금 더 수월하게 토요일마다 서울소년원을 다니게 되었습니다. 서울소년원에 처음으로 가기 전 서울소년원 선생님이 연수원을 방문하여

주의사항을 얘기해 주서서 조금은 두려움을 갖고 소년들을 만났습니다.

그 4주가 7년이 되었습니다. 현재는 코로나19로 인해 방문하지 못하고 있으나 거의 매주 빠지지 않고 소년원에 갔습니다. 검정고시를 가르치는 것에서 시작하여, 그 후에는 갈등이 생겨 힘겨워하는 소년들이 그 갈등을 조금 더 현명하게 해결할 수 있도록 도왔습니다. 그리고 많은 소년들과 친구가 되었습니다. 지금도 소년과 관련된 얘기를 하게 되면 마치 당사자처럼 온몸과 마음이 반응하는 것을 느끼고 저의 마음이 움직이는 일을 찾았다는 것에 행복합니다.

어려운 어린 시절을 보내어 마음이 굳어 있고 어른들을 신뢰하지 못하지만, 자신을 믿어 주는 사람에게 온 마음을 열고 변화의 노력을 온몸으로 보여 주는 소년들을 사랑할 수밖에 없습니다. 소년들의 삶과 생각을 이해하지 못하면 그들은 이 사회에 위험해서 격리시켜야 하는 존재로 보일 수 있으나, 쉽지 않더라도 소년들의 성장 과정에서 발생하는 특징을 이해하고 진심으로 다가서면 의리가 있는 진정한 친구가 됩니다. 저도 가끔은 상처를 받은 적도 있지만 소년들로부터 얻는 에너지와 행복이 더욱 큽니다.

누군가는 그들의 인권을 위해서 그들을 위한 목소리를 내어야 하기에 그 역할을 하려고 합니다. 소년들은 자신의 잘못을 인정하고 자신의 처지를 받아들여, 현재와 같이 비인권적으로 대우받는 것에 대항하려 하지 않습니다. 오히려 시설에서의 일들을 좋은 추억이라며 함께한 사람들, 특히 선생님들에게 애틋한 마음을 표합니다.

겉은 무섭게 생겼고 표현은 서툴기만 하여 주변 사람들에게 때론 위협적이고 불편하게 보이기도 하지만, 그들에게 따뜻하게 다가가 상처를 보듬어 주고 사회가 소년들에게 불공정하거나 적대적인 것만은 아니라는 것을 보여 주어 그들이 사회에서 잘 적응하고 살아가도록 해야 합니다. 미약하나마 그러한 일에 작은 보탬이라도 되기를 간절히 희망합니다.

최하진 선생님과의 소중한 인연으로 〈희망드림영화관〉이라는 모임을 통해서 보호소년 등을 후원하기도 하였습니다. 따뜻한 마음이 어려운 환경에 놓여 있는 청소년에게 전달되었습니다. 너무나 감사한 인연입니다. 모임을 함께해 주신 선생님들에게 이 책을 통해서 진심으로 감사함을 표합니다. 오래도록 함께해 주시기를 감히 요청드립니다.

청소년을 위한 영화 속 인권 이야기

언택트
인 권
상영관

초판 1쇄 발행 2020년 12월 10일

지은이 최하진 박인숙
발행처 예미
발행인 박진희 황부현

출판등록 2018년 5월 10일(제2018-000084호)

주소 경기도 고양시 일산서구 중앙로 1568 하성프라자 601호
전화 031)917-7279   **팩스** 031)918-3088
전자우편 yemmibooks@naver.com

ⓒ최하진 박인숙, 2020

ISBN 979-11-89877-43-9 03330

이 도서의 국립중앙도서관 출판예정도서목록(CIP)은 서지정보유통지원시스템 홈페이지
(http://seoji.nl.go.kr)와 국가자료공동목록시스템(http://www.nl.go.kr/kolisnet)에서
이용하실 수 있습니다. (CIP제어번호 : CIP2020050099)

이 도서는 한국출판문화산업진흥원의 '2020년 출판콘텐츠 창작 지원 사업'의 일환으로
국민체육진흥기금을 지원받아 제작되었습니다.